大 旗 出 版
BANNER PUBLISHING

大旗出版
BANNER PUBLISHING

# 帝王秘事

## 你不知道的歷史真相

## 第一篇　中國帝王的私秘生活・024

目錄

# 目錄

處死殉葬者的種種恐怖手段

**第二篇 揭密皇陵的風水堪輿玄機・124**

目錄

# 目錄

目錄

# 目錄

目
錄

# 史說新語

看過一部 HBO 自製電影叫《Mrs. Harris》（港譯「狂情黑寡婦」），本‧金斯利（就是演甘地的那位）飾演的男主角是個醫生，業餘愛好是讀史，他有這麼一句臺詞：歷史如此精彩，何必讀小說呢？

如果讀了倪方六這本書，閣下應該會同意這個說法。

其實倪方六的上一本著作《盜墓史記》，就已經印證了這個說法。當時曾有媒體指出：「《盜墓史記》的作者抽絲剝繭，另類讀史，記述了從中國古代到現代幾千年間發生的稀奇古怪的盜墓現象，集知識性、趣味性、史料性於一體，是一本比盜墓小說還好看的文化讀本。」（《江南時報》2008 年 1 月 15 日）

近年來中國出現了一種文化現象：一些對歷史有很深造詣的人士（多為非職業史學者，他們既不是史學研究所的研究人員，也不是學校裏教授歷史的老師，史學是他們的業餘愛好），用很不歷史但引人入勝的筆法來講述歷史，用很不主流很不官方的觀點來重新詮釋歷史。

兄弟我將這種現象稱為「史說新語」。

倪方六便是這樣一位「史說新語」者。

在中國，以往所見的歷史書籍通常都很不精彩，一般都非常乏味，枯燥程度僅次於政治經濟學教科書。

蓋因為以往之史家，以史為業而未能以史為樂也。

所謂以史為業，就是以治史為飯碗。飯碗的背後是什麼大家都知道：老闆的臉色。你不能由著你自己的性子來，你怎麼來得由你老闆決定。

老闆喜歡標語口號，你就得想辦法多來點兒口號標語。

老闆喜歡「格調高雅」，你就不能「格調低下」。

老闆喜歡玩深沉，你不深沉也得裝深沉。

老闆要你說教，你就得說教。

總之，你擁有了飯碗，失去了自己。

於是，數十年的時間裏，我們可以讀到的少得可憐的那幾本歷史書籍，要麼官氣十足，要麼索然寡趣。

不僅外行人覺得不好玩，他們業內人士也覺得自己白忙一場。

復旦大學歷史系教授樊樹志曾在他的古稀之年說了這樣痛心的話：

「幾十年裏，明史學界只搞了兩個東西，一個是農民起義，為了貫徹『階級鬥爭是歷史的動力』這一學說，我這一代人都在研究農民起義……現在回頭看看，農民起義的研究基本是一堆廢紙，能夠留下來的成果基本為零……」（《新民週刊》2007 年第 8 期）

但倪方六不是吃歷史這碗飯的，不靠歷史論著評職稱升官職加薪水。「歷史」，只是他自家的「後花園」。在這個後

花園裏，沒有老闆（非要說有的話，則他自己就是老闆），沒人管得了他，沒人能告訴他，該研究什麼，該怎麼研究。他擁有極大的自由，想研究什麼就研究什麼想怎麼研究就怎麼研究。

倪方六自己說，有人在他的部落格上留言，罵他不幹正事，盡寫這些陳芝麻爛穀子的骯髒之事。

這也攔不住倪方六，他還是想寫什麼就寫什麼想怎麼寫就怎麼寫。

如果一個人只是憑興趣做事情，並不打算取悅於其他任何人，並沒有世俗功利的目的，你又能拿他怎麼辦呢？

於是，專攻盜墓史以及帝王私密生活的倪方六，就這樣冉冉升起了。

於是，倪方六的第二本研究中國二千年封建皇室隱私、懸案的專著，就這樣翩翩降落了。

程鶴麟，香港鳳凰衛視中文台副台長，著名「時事辯論會」主持人

# 有趣且奇特的故事

我國歷史上下古今何止五千年，自有文字記載以來，尤其官史部分，書寫政治生活者向來占主流位置，長此以往，後代子孫讀古人史冊，總以為古人非聖即賢，古之帝王將相日常作息除了國事，仍是國事。此種誤解無他，概因史家基於為賢者諱，為帝王官家諱，是故一貫鮮少著墨古代帝王生活私事。惟其如此，古代帝王和官家多采多姿的生活面，在有意無意間，被遺諸正史。官方記錄的史冊揚棄生活面，多言及政治生活面之歷史陳跡，而少言及日常生活面之吉光片羽。帝王將相「神格化」的面向，被刻意放大，「人格化」方方面面的記憶，反遭史家刻意沉埋，或刻意忽略，終為後世所淡忘。

但是，帝王將相生活面「人格化」的故事，還是古今士農工商各界均感興趣的部分。本書針對歷代帝王私秘生活，全面而細膩地描述宮闈內幕，把各朝各代的帝王，最隱秘幽微的部分，全部攤在陽光底下，接受讀者的檢驗，不僅僅一定程度地滿足了人們好奇心，更能以「人格化」的觀點，平視的視角，觀察古之帝王各種俗事，這的確是作者對千萬讀友莫大貢獻。

例如，倪先生在書中述及「朱元璋葬父出現怪異天象」的情節。並說，「朱元璋，為什麼能開創大明王朝，當上皇

帝……民間傳說是因為他祖墳葬得好，父母埋到一塊風水寶地上，恰巧這裏有王氣，是真龍結穴之處。」云云。中國人自古相信風水讖緯之說，這種說法甚且牢牢深植民間信仰，大家堅信不移。直至近世西洋科技文明移植中土，風水五行之說，仍盛行不墜。

本書最可貴也是最有價值者，是它總是在故事情節之中，總能佐以文獻史籍，而非僅停留於稗官野史道聽塗說的位階。就以「朱元璋葬父出現怪異天象」而論，倪先生列舉明朝徐禎卿所著的《翦勝野聞》的說法：「帝（朱元璋）父母兄弟相繼死，貧不能具棺，與仲兄謀草葬山中，途次便斷，仲返計，留帝視屍。忽風雨，天大晦，比明視之，則土裂屍陷，已成墳。」又說：「朱元璋放下扁擔的『土裂屍陷』地方，正好處於龍脈上。因為是塊難得的風水寶地，結果『平地起墳』，朱家子孫有了帝王命，從此風流三百年。西元1644年滅亡了，則是帝王之氣不存，龍脈受傷之故。」

本書一個更吸引人的地方，是它涉獵的議題舉凡酒色財氣無所不包，但廣博卻不失其專精，泛論亦不淪為虛浮，總能深入淺出，用一些有趣且奇特的故事，畫龍點睛，巧予勾勒，而不陷低俗難耐。比如說，書中述及馬秀英嫁給朱元璋後，曾為要偷饅頭給朱元璋食用，卻因此燙傷乳房的事，雖是一小故事，卻可佐證古之帝后平易恩愛，實與平民何異。又例如，書中以「劉邦老婆是『偷情』高手」為題，述說呂

雉不守婦道、「紅杏出牆」的事蹟，亦透露了帝后也有人性弱點的不爭事實。

作者倪方六先生能上窮碧落下黃泉般地掘羅各色多趣的題材，充分展現了倪先生不凡的創作功力和資料消化能力。本書之所以如此豐富多彩，應與倪先生的資歷密切相關，他是資深記者、文化名人，更是江蘇省大眾文學學會副秘書長、江蘇省考古學會會員。讀者詳閱此書，必定不會有空手出寶山之歎。

本序作者為著名台灣傳記作家　王丰

# 自 序

中國的歷史，其實是一部宮廷史。

翻開二十四史，部部都是圍繞帝王展開的，帝王的生平事蹟均編撰為「本紀」，置於首編。古代史家這般選題和安排是十分合理、恰當的，因為，古代中國「溥天之下，莫非王土；率土之濱，莫非王臣」（《詩經·小雅·北山》），即所謂「家天下」。

帝王既然有「家」，便免不了有成堆的「家務事」，在封建社會家事即國事，國事即家事。帝王也有喜怒哀樂，也要過夫妻生活。但帝王貴為人間天子，其「家」自然非黎民百姓可比，宮殿高牆，亭臺樓閣，嬪妃多多，後宮深深。即便吃、喝、拉、撒這些尋常之事，也要弄得與眾不同，吃飯不叫吃飯，叫「用膳」；做飯處也不能叫鍋屋、食堂，叫御膳房；上廁所更講究啦，即不能說方便、解手，更不能叫拉屎，而喊「出恭」；甚至連死也有規定的用字，稱為「崩」。

帝王家事因此便抹上濃厚的神秘色彩，隱而不露，故曰「秘事」。因為有了這份神秘，在「公天下」的今天，大家才有興趣去瞭解和閱讀「帝王家那點事兒」。於是，我假《太史公書》、《前漢書》、《後漢書》、《資治通鑑》這些正史典章之梯，借《洛陽伽藍記》、《朝野僉載》、《東京夢華錄》、《南村輟耕錄》、《萬曆野獲編》、《清稗類鈔》這類古人筆記之便，

闖進了「皇家後院」看風景。

「皇家後院」實在太大了，院子的主人換了一茬又一茬。我只好念叨起當年高考應試口訣來不斷復甦自己的記憶：夏商與西周，東周分兩段，春秋和戰國，一統秦兩漢，三分魏蜀吳，兩晉前後延，南北朝並立，隋唐五代傳，宋元明清後，皇朝至此完。

稀奇古怪故事最多的，我認為當在漢朝「劉家大院」、唐朝「李家大院」、明朝「朱家大院」，而不是現代人聊得最多，最為熟悉的「清宮文化」。這三座大院大概代表了中國古代的全部榮耀和輝煌，裏面的故事也最香豔、最驚心動魄、最不可思議。

「劉家大院」裏曾經發生的事情，不少已成為後世諸多文學作品的素材：高祖劉邦後宮的「人彘」慘禍，武帝劉徹的「金屋藏嬌」，成帝劉驁的「牡丹花下死」，哀帝劉欣「斷袖之癖」……夜夜歡歌的背後，顯現出的盡是帝王們錯亂的性愛，與「李家大院」內太宗李世民弒兄淫嫂、高宗李治「子娶父媳」幸才人、玄宗李隆基「父娶兒媳」奪壽王妃，女皇武則天與女兒太平公主「共夫」，聯手構畫出了一幅「髒唐爛漢」的淫樂圖景。

再後來的「朱家大院」，荒唐和混亂不亞漢唐，成祖朱棣疑心宮女「對食」不貞怒殺三千，武宗朱厚照尋花問柳連寡女也不放過，世宗朱厚熜逼宮女太甚，引發了「壬寅宮變」，

光宗登基 30 天服「紅丸」暴亡……為極盡淫欲，帝王們遍尋「不老藥」、吞服壯陽丹，結果造成「群體性短壽」。

皇位大概是穩定性最差的一枚「定時炸彈」，因權力爭奪而導致的弒殺現象，在中國皇家後院最為集中，非正常死亡成了皇帝人生的非情願選擇。中國封建第一皇帝秦皇嬴政，留下了被宦官趙高謀殺的懸疑；漢少帝劉辯僅當了四個月皇帝，就被當道的奸臣董卓廢殺；隋開國皇帝楊堅，讓自己的二兒子、後來的隋煬帝楊廣送上了西天；朱元璋欽定的接班人朱允炆被自己的親叔叔、成祖朱棣逼得走投無路，在宮中自焚。

皇帝是人世間貪欲最強烈的一族，生前奢侈，死後也想過得舒服。在活得好好時，便開始營建「壽陵」，花鉅資修築供死後「睡覺」的地下寢宮，將子民創造的財富作為自己的私財隨葬地下。為此，誕生了一種專為皇家而設計的風水理論。尋找風水寶地，萬年吉壤成了御用堪輿家的任務。皇家的風水寶地到底是怎麼選出來的，動工時有什麼講究，下葬時要注意什麼，如何防止死後不被侵擾、隨葬品不被盜走……這些問題給帝王陵附設了諸多謎團和玄機，成為帝王家事中外人最難知曉的秘密。

這「後院」裏究竟發生過多少樁有趣的事情，上演過多少齣流血的陰謀？恐怕誰也說不清，寫不盡。我這本書也只是走到哪扯到哪，盡量把帝王家事說得清楚些、系統些，全

面些，稱之是中國皇家宮廷史有點難為了，叫「宮廷雜史」倒有幾分貼切。

　　我寫作本書的初衷，是希望「把歷史寫得更好看一點」。當然，這更好看一點不是胡嚼亂侃編小說，有意給歷史抹粉，而是少擺學者們慣耍的「之乎者也」臭架子，脫去學術的腐朽味兒，讓讀者看得明白看了還想看。

　　希望我的書能做到這一點。

倪方六

第一篇

# 中國帝王的私秘生活

俗話說，皇帝有「三宮六院七十二妃」，意思是老婆多多。但是，雖然皇帝有這麼多女人，一般一生也只能結一次婚，此即清代所謂「大婚」。不過，也有例外，如果皇帝離婚了，把已經成為皇后的老婆給廢黜了，或是死了老婆，有可能再結一次婚。

　　如清順治皇帝，因為原配博爾濟吉特氏「與朕志意不和」，降之為靜妃後，他又與另一個女人結了婚，這後一女人便是孝惠皇后。皇帝身邊的嬪妃再多，也是享受不到結婚排場的。順治皇帝，雖然他敢把原配給廢黜了，但對寵愛無比的董鄂妃，也只能悄悄地「迎接」進宮，而

結過兩次婚的順治皇帝

不是「迎娶」，連冊封都不敢逾制，冊封時「不設鹵簿，不奏樂，王、貝勒、貝子、公等，不次朝賀禮」。所以，做皇帝的女人，除了皇后外，其他都是二奶、三奶的份。

## 皇帝找老婆要走什麼程序

皇帝找老婆與民間在程序上並沒有什麼兩樣，一般也要遵守周時的風俗，即《禮記‧士昏禮》中約定的「六禮」：納采、問名、納吉、納徵、告期、親迎。

「六禮」原本是遠古貴族男子的娶親儀式，被皇家移植後，儀式更為隆重和講究。需要說明的是，這個儀式也為普通人家採用，不同的是，被簡化了。

到清代，皇帝娶親從提親到迎娶，形成了一系列繁縟的禮儀。清代皇帝結婚稱大婚，要由太后、宗室王公大臣議婚選定皇后。要設立專門機構，操辦皇帝的終身大事。

清皇的儀禮程式主要有「納彩」、「大徵」、「冊立」、「奉迎」、「合卺」、「慶賀」、「筵宴」、「祈福」，每個環節都十分地隆重，耗資巨大，非民間可以想像。

當然，皇帝找老婆與找後宮嬪妃是兩回事。皇帝的老婆就是皇后啊，關係國家社稷的興衰存亡。後宮嬪妃僅是皇帝的性交對象，與古代的官妓無異，如果要說在皇帝家裏的地位，不過民家小妾的地位，甚至不如，也就是上面說的二奶、三奶的份。

所以，所謂皇室後宮，粗俗說來，不過是一座皇帝大妓院。當然這所大妓院的「老鴇」，應該是皇后了。

皇帝找老婆與在民間選拔美女進後宮供其發洩情欲是兩

回事。找老婆在古時要有媒人的，而選拔嬪妃，程序很簡單，甚至談不上程序，大太監主持就行了。選嬪妃重色相，長得不漂亮是不行的。漢武帝當年「掖庭三千」，標準就是十五歲以上，二十歲以下，要長得清純漂亮。即《漢武故事》中所謂，「年皆十五以上，二十以下。資質明秀者，始得預其列」。而找老婆則重人品，這可能是歷代皇后都不是太漂亮的原因吧。

## 皇帝給老丈人家送多少彩禮

為了娶媳婦，皇帝也要給老丈人家送彩禮。

訂婚送彩禮，是人之常情，也是中國古代流行習俗，到今天也未見取消。但區別還是有的，古代上門提親，要女方的「八字」，至訂婚時，正常禮物是雁，即所謂「婚禮。下達，納采用雁」。後時興送金送銀，現在敬送的貴重金屬飾物則更高檔，要白金什麼的。

皇帝的彩禮當然不會與民間一樣，親自去送，而會選擇身邊人臨時做「執事官」當使者，一般是由相當地位的官員擔任。禮送到時要宣讀「納采制書」。

在明代，執事官會說：「朕承天序，欽紹鴻圖，經國之道，正家為本。夫婦之倫，乾坤之義。實以相宗祀之敬，協奉養之誠，所資惟重，祗遵聖母皇太后命。遣使持節，以禮

采擇。」

在清代，執事官會說：「皇帝欽奉皇太后懿旨，納某氏某女為后，命卿等持節行納采。」

皇帝的彩禮對皇帝的老丈人來說，是一份真正的厚禮。如在漢代，僅黃金要送萬斤以上。東漢桓帝劉志娶權臣梁冀的閨女時，照著孝惠皇帝納后的例子辦，「聘黃金二萬斤，納采鴈璧乘馬束帛，一如舊典」，禮金翻了一倍。

實際上，在完成「六禮」的每一個過程中，皇帝家都要送彩禮。如在清帝婚儀之「大徵」時，要送黃金二百兩、白銀一萬兩，金茶器一具，銀茶器二具，銀盆二具，各色緞千匹、全副鞍轡文馬二十匹。

可見，皇帝即便想多結幾次婚，也不是那麼隨便的，要花大錢的。據翁同龢日記所記，清光緒皇帝大婚花了五百五十萬兩白銀。

## 皇帝會不會上門迎娶新娘

民間結婚，有新郎披著大紅花，親自跟著迎親隊伍前去迎娶新娘的風俗。皇帝結婚會不會去？

皇帝結婚也有迎親的環節，但皇帝不會親自去，而是派適合的臣子去，有時還會讓老婆娘家人送上門。

前去迎親的官員到達時，會宣讀皇帝的制詞，「茲冊某官

某女兒為皇后，命卿等持節奉冊寶，行奉迎禮」。

這時，新娘子要趕緊穿好皇帝準備的嫁衣——皇后冠服。與民間一樣，新娘也會再請後才出閣，隨娶親隊伍進宮。至於新娘子會不會哭嫁就不知道了，想來不會哭的，高興還來不及呢。

但有一點是不變的，即新娘子在上轎子、接受冊寶前，父母也會叮囑女兒好好為人妻。據《明史·禮志》記載，在明代時的套話是，父親：「戒之敬之，夙夜無違。」母親：「勉之敬之。夙夜無違。」

## 皇帝結婚的洞房並不固定

皇帝結婚也要進「洞房」。與民間新房就是洞房的習俗不一樣，皇帝結婚的洞房並不在自己的寢室內，並沒有固定的洞房，一般會在舉行儀式的地方先找個房間臨時用用。

明清兩朝皇帝結婚一般在坤寧宮舉行。坤寧宮是皇宮中後三宮的第三宮，在明朝是皇后的寢宮，清朝時將東面兩間設為皇帝大婚時的洞房，西面五間則改為祭祀薩滿教的神堂。清朝皇帝大婚娶老婆相當隆重，也極為講究。新娘子要從大清門抬進來，經天安門、午門，直至後宮。而妃嬪進宮，只能走紫禁城後門神武門。

晚清貴為天后的慈禧太后，也未能從大清門走，這成了

坤寧宮東暖閣皇帝的洞房內景一

她心頭一生的痛。慈禧當初僅是嬪妃，1851 年以秀女被選入宮，號懿貴人，因得咸豐皇帝寵幸，1854 年進封為懿嬪。雖然母以子貴，親兒子載淳後來做了皇帝，但也改變不了她與咸豐的婚史。所以，後來兒媳婦阿魯特氏，也就是同治的皇后，一句話——「奴才是從大清門抬進來的」，惹惱了慈禧太后。同治死後不久，慈禧便逼她自殺殉葬。

## 皇帝的洞房是什麼樣子

皇帝的洞房比老百姓家的要高檔豪華多了，但也不能免貼紅雙喜、喜慶對聯的習俗。

洞房的主題也是大紅色，形成紅光映輝，喜氣盈盈的氣氛。床前會掛「百子帳」，鋪上會放「百子被」，就是繡了一百個神態各異小孩子的帳子和被子；床

坤寧宮東暖閣皇帝的洞房內景二

頭懸掛大紅緞繡龍鳳雙喜的床幔，帝王之家也希望「多子多福」。

隋唐時，皇帝的洞房鋪設地毯，設置多重屏障，龍鳳大喜床的四周有布幔，洞房的私密性很好。

在清朝，洞房一般設在坤寧宮的東暖閣，牆壁都是用紅漆及銀殊桐油髹飾的。洞房門前吊著一盞雙喜字大宮燈，鎏金色的大紅門上有粘金瀝粉的雙喜字，門的上方為一草書的大「壽」字（見右圖），門旁牆上一長幅對聯直落地面。從坤寧宮正門進入東暖閣的門口，以及洞房外東側過道裏各豎立一座大紅鑲金色木影壁，乃取帝后合巹和「開門見喜」之意。

洞房內金玉珍寶，富麗堂皇。東暖閣為敞兩間，東面靠北牆為皇帝寶座，右手邊有象徵「吉祥如意」的玉如意一柄。前簷通連大炕一座，炕兩邊為紫檀雕龍鳳，炕几上有瓷瓶、寶器等陳設，炕前左邊長几上陳設一對雙喜桌燈。

東暖閣內西北角安放龍鳳喜床，喜床上鋪著厚厚實實的紅緞龍鳳雙喜字大炕褥，床上用品有明黃緞和朱紅彩緞的喜被、喜枕，其圖案優美，繡工精細，富貴無比。床裏牆上掛有一幅喜慶對聯，正中是一幅牡丹花卉圖，靠牆放著一對百寶如意櫃。

現在北京故宮開放了，有機會大家可以去看看這間皇帝的「洞房」。

## 皇帝與新娘要喝「交杯酒」嗎

皇帝的洞房自然是不能鬧的，但禮節少不了。那皇帝入洞房後，首先要做什麼？在民間，新郎新娘一入洞房可能就急不可耐，直奔主題──「恩愛」去了。皇帝可不行，得把全套的活動進行完畢才能共度良宵。

據《新唐書·禮樂志八》（卷 18）「皇帝納皇后」條的記載，唐帝、后的大婚相當複雜，入洞房後先要祭拜神靈，向天、地、祖宗表達敬意。實際上，這種祭拜活動在進洞房前就開始了，要入同牢席，婚後數天也都要進行不同性質的祭拜活動。

在新房東房間的西窗下設有餐桌，桌前列有象徵夫妻同席宴餐的豆、籩、簋、籃、俎，這意思與民間「以後吃一鍋飯」是一個意思。進入洞房後的祭拜活動在行合巹（音 jǐn）

清皇大婚時用的喜轎

禮前進行，是夫妻倆一起祭。

每祭一次，新人便要一起吃一次飯，這樣真的到了可以共度良宵前肚子也飽了，不至於食色兩饑。因為飲了點酒，還可以把雙方的情趣調節到位，也算是一種調情手段。

所謂的「合巹禮」，就是民間所謂的「喝交杯酒」。「同牢」，就是夫妻兩人一起食用弄熟的牲畜肉，如一頭小豬；「合巹」，本意是把剖開的瓠合為一體，古時多用之盛酒。把帝、后各自瓠內的酒摻和到一起，共飲，即是「合巹」。這種交杯酒可不是現代婚禮上互飲對方的酒杯，而是各自喝摻到一起的酒，現在的喝交杯酒形式應該是鬧新房的產物。

行合巹禮用的玉質器皿

當然，行合巹禮後，就是喝了交杯酒後，下面該做什麼？結過婚的人都應該知道了──共度良宵。但是皇帝當新郎官，那床可不能隨隨便便就上的，要分先後的。唐朝皇帝納皇后入洞房是這樣的：

> 尚儀北面跪，奏稱：「禮畢，興。」帝、后俱興。尚宮引皇帝入東房，釋冕服，御常服；尚宮引皇后入幄，脫服。尚宮引皇帝入。尚食徹饌，設於東房，如初。皇后從者皇帝之饌，皇帝侍者皇后之饌。

從上面所記中可以看出，喝了交杯酒後，皇帝被侍寢的宮人帶到房間，脫下冕服，換上便衣；皇后先被宮人引入帳內，宮人先將她的禮服脫了，這才把著便衣的皇帝引入內，與皇后睡到一張床上，共度花燭良宵。

在清朝，皇帝大婚入洞房共度良宵前講究更多。清皇是滿族人，信奉薩滿教，但祭拜神靈也是少不了的，如還要跨火盆什麼的。上床前要到洞房西旁的神堂祭拜神靈。祭祀儀

式，由一名薩滿老婆子主持。

皇后入洞房不久，皇帝亦身穿龍袍吉服，由近支親王從乾清宮伴送至坤寧宮。揭去皇后頭上蓋巾後，皇帝與皇后同坐龍鳳喜床上，內務府女官在床上放置銅盆，以圓盒盛「子孫餑餑」恭獻。這「子孫餑餑」是一種麵食，就是一種特製的小水餃。

又設坐褥和宴桌，公主、女官恭請帝、后相對而坐，由福晉四人恭侍合巹宴。合巹宴上，帝、后對飲交杯酒。這時殿外窗前，有結髮侍衛夫婦用滿語唱《交祝歌》。合巹禮成，然後坐帳。晚上，內務府女官、福晉等侍候帝、后吃長壽麵。麵吃完了，下面的事情就不用說了，享受男女魚水之歡去了。

## 皇帝新娘的嫁妝裏有無「壓箱底」

有的人或許會問，民間新郎新娘進洞房有「壓箱底」看，皇帝的老婆會不會陪「壓箱底」？皇帝入洞房要不要學點性知識啊，或是由太監在旁邊進行性生活指導？這就多慮了，皇帝個個都是花叢高手，哪會是婚前連女孩的胸部也未摸過的處男？新娘子的嫁妝多由皇帝家置辦的，會不會有「壓箱底」很難說，但母親也會教授閨女一些性知識，當是肯定的。

　　過去皇帝一般在十六歲時進行大婚，而在此之前，一般在十四歲時，甚至更早的時候便進行「性教育」了，由成年的富有經驗的宮女，給小皇帝或是太子當性實習老師。

　　後宮中的司儀、司門、司寢、司帳四種稱謂的宮女，就是皇帝的性實習老師，專供其臨御，當然，這些「老師」都是有工資的，每月拿俸祿，一般宮女是輪不上這樣「好事」的。

　　中國歷史上最愚皇帝晉惠帝司馬衷，結婚也應該最早，十三歲時便舉行大婚。其父晉武帝司馬炎知子性愚，派後宮才人謝玖給他進行性啟蒙。謝玖指導十分到位，司馬衷一炮打響，把謝玖弄懷孕了，司馬衷本人還蒙在鼓裏呢。連蠢皇帝婚前性教育都如此成功，智力發育正常的皇帝根本就不用教，別愁洞房內不懂了。

　　不過，需要說明的是，不少皇帝都是結過婚才當皇帝的，便辦不了大婚。如清皇共有十人，但只有順治、康熙、同治、光緒四位皇帝在位時舉辦過大婚。

　　洞房花燭夜，久旱逢甘

晉惠帝司馬衷

雨，他鄉遇故知，此乃人生三大樂事也。但對皇帝而言，大婚往往是一種政治婚姻，有時很痛苦，也很無奈，只能以冷落皇后排解苦悶，難以體會到洞房花燭之夜的愉樂。

皇帝皇后日常並不住在一起，大婚後一段時間才如常人一樣，天天晚上住在一起，同床共眠，相擁熱吻。

熙陵幸小周后圖

而清宮有規定，大婚後皇帝皇后應在坤寧宮東暖閣住滿一個月，兩人才能回各自的寢宮。但清皇中真正住滿一個月的只有康熙一人。同治住兩天、光緒住六天。末帝宣統溥儀退位後才結婚的，不過也是在宮裏舉辦的，與皇帝大婚無異。但他當晚便移居養心殿的體順堂，感覺在洞房不習慣不舒服。

清皇中，在洞房最難過的當是光緒皇帝，他在洞房內心事重重，根本不想與皇后，也是他的表姊隆裕上床。據說最後他趴在隆裕的懷裏號啕大哭，表示只能永遠敬重她，大婚以後好長一段時間光緒不跟隆裕皇后同床。原來光緒最愛的是珍妃，但慈禧卻逼著他娶了表姊。

## 皇家進行性教育的特殊手法

上面說了，皇子們一般在十四歲，甚至更早的時候就進行性啟蒙了。除了宮婦手把手教外，皇家對皇子進行性教育還有什麼招兒？這裏就再來補充一下這點。

過去，男人在新婚大喜入洞房後，也有三樣美事兒：一是看春意，就是古人常說的春宮圖、春畫；再者讀淫書，這裏的淫書是一種讀書人家常備的性啟蒙讀物；第三是聽淫聲，即所謂新娘子歡愛時發出的叫床聲。

「春畫」，大概是中國古人進行性教育的一個創舉，並為歷代皇家採用。所謂春畫，就是描繪男女各種性交姿態、反映性生活場景的圖畫。而據說，春畫的起源就在王室。

明人沈德符考證，春畫在西漢時就出現了，發明者是因盜墓聞名的廣川王劉去的兒子劉海陽。劉海陽與其父親劉去一樣，是位頂極好色之徒，整天淫樂，他令畫師在房間四壁、天花板上將這些他所能看得到的地方，畫上各種性交圖，供其作樂時「欣賞」。此即沈德符在《萬曆野獲編·玩具》（卷26）「春畫」條所記，「春畫之起，當始於漢廣川王，畫男女交接狀於屋，召諸父姊妹飲，令仰視畫。」

此後，春畫由宮廷傳至民間，「為民所用」。歷代皇家亦都重視春畫，視之為必不可缺的特殊的性教育工具。玩弄春畫比較出名的皇帝有不少，如南朝齊東昏侯蕭寶卷、隋煬

帝楊廣、唐高宗李治和皇后、大周皇后武則天。

這幾位皇帝「看春意」顯然不是啟蒙性質了，而是濫淫。蕭寶卷有位貴妃叫潘玉兒，因貌美受寵。蕭寶卷也效法劉海陽，在新造的後宮牆壁上，畫上各種春畫，以備他與潘玉兒歡愛時「參考學習」。楊廣則又發揚光大，讓畫師將他與宮女淫樂時的現場畫出來，再現真實供其回味，這就是「烏銅屏故事」。

當然，最出名的還是李治與武則天。李治專門建造了一座供其幸御嬪妃的鏡殿，把自己和妃子歡愛時的場景畫到牆上。結果臣子劉仁軌偶然一次進殿，被嚇了一跳，以為有

唐伯虎留下的「豔圖」

唐伯虎的春宮圖

幾個皇帝。李治死後，武則天則把此殿當成自己與面首尋歡的「夜總會」。元文人楊鐵崖就此大發一通感慨：「鏡殿青春秘戲多，玉肌相照影相摹。六郎酣戰明空笑，隊隊鴛鴦浴錦波。」

除春畫啟蒙，皇室還有一種特殊的性教育手法，使用性玩偶這些教具，讓皇子「一看就懂」。沈德符根據所見所聞，記述如下──「余見內庭有歡喜佛，云自外國進者，又有云故元所遺者，兩佛各瓔珞嚴妝，互相抱持，兩根湊合，有根可動，凡見數處。大檔云，帝王大婚時，必先導。入此殿。禮拜畢，令撫摩隱處，默會交接之法，然後行合巹，蓋慮睿稟之純樸也。」

皇帝在大婚之前，會有專門師傅帶他去看「歡喜佛」。在

《漢宮春曉》（明 仇英）

明朝，紫禁城中設有供奉歡喜佛的密室，密室中的歡喜佛是男女合一的佛像，表像時呈互相摟抱狀。佛身上設有機關，按動機關，佛就開始交合，變化出各種動作。初入佛殿，還要舉行一個「儀式」，要給歡喜佛燒香、叩拜。之後，新婚皇帝才可以摸抓佛身的隱私處，練習動作。這之後才行「合巹禮」。

# 皇帝吃飯擺譜與防毒手段

皇帝貴尊人間天子，穿的是龍袍，住的地方是金鸞寶殿，行以輦代步。食，自然也不同尋常。皇帝如何吃飯，是不是如普通人家那般，一家老小圍坐一桌？吃的是不是山珍海味、滿漢全席？在魏晉時期，曾有用人乳汁做菜的傳說，後來的皇帝御膳中是不是這樣？

這個問題在過去是皇家機密，秘不示人。

## 皇帝喜歡「吃獨食兒」

皇帝怎麼吃飯，各個朝代有各個朝代的吃法。飯菜的豐盛程度和搭配方法，也因皇帝們口味和喜歡的不同而有異。目前知道比較多的是明清皇家的吃法。

皇帝並不都是一日三餐，有的多，有的少。如清朝皇帝，一般每天只吃兩頓飯，即早膳和晚膳。

皇家自稱孤家，吃飯時也是自己一個人吃，在專設的桌子前單獨進餐，民間稱為「吃獨食兒」。雖然皇帝喜歡吃獨食兒，但吃飯時不會就他一個人，旁邊會有侍候的宦官──侍膳太監。因為菜太多，桌子擺得滿滿的，用餐時遠處的菜便夠不著。但不必擔心，皇帝吃飯時，並不用自己夾菜，太監會送到嘴邊。

皇帝用膳時，除了太監在場，不遠處還會站著聽賞的人，如寵臣、皇子。皇帝不想吃，或是一時高興，更多時候

是吃不完，就會把美食賞賜下去。被賞的人只能在另設的桌子前，站著吃完。因為是皇帝賞的，即使不餓不想吃也得吃，而且要表示「味道好極了」。

早期，帝王吃飯時還會有樂隊助興，後來的皇帝只有壽誕或慶典活動的餐會上，才會用樂。但吃飯時擺譜，卻一直被發揚光大，直到晚清仍是如此。

清末代皇帝溥儀在其自傳《我的前半生》一書中，講到了這點——

關於皇帝吃飯，另有一套專業術語，是絕對不准別人說錯的。飯不叫飯而叫「膳」，吃飯叫「進膳」，開飯叫「傳膳」，廚房叫「御膳房」。到了吃飯的時候——並無固定時間，完全由皇帝自己決定——我吩咐一聲「傳膳！」，跟前的御前小太監便照樣向守在養心殿的明殿的殿上太監說一聲「傳膳！」殿上太監又把這話傳給鵠立在養心門外的太監，他再傳給候在西長街的御膳房太監……這樣一直傳進了御膳房裏面。不等回聲消失，一個猶如過嫁妝的行列已經走出了御膳房。這是由幾十名穿戴齊整的太監們組成的隊伍，抬著大小七張膳桌，捧著幾十個繪有金龍的朱漆盒，浩浩蕩蕩地直奔養心殿而來。進到明殿裏，由套上白袖頭的小太監接過，在東暖閣擺好。平日菜肴兩桌，冬天另設一桌火鍋，此外有各種點心，米膳，粥品三桌，鹹菜一小桌。

所謂的「擺譜」，不是東北人的擺家譜，而是擺菜譜。

清朝標準御膳，每頓飯有一百二十道菜，要擺三張大桌。此外還有主食、點心、果品等。後來，有的皇帝覺得這樣太浪費，菜譜變少，一百二十道減為六十四道；慈禧太后的老公奕詝當皇帝時的咸豐年間，又減為三十二道；奕詝死後，垂簾聽政的慈安太后，再減為二十四道。慈安太后死後，獨攬大權的慈禧太后又擺起了譜，恢復了每頓飯百道大菜的老規矩，一頓飯少說要花二百兩銀子。

稱皇帝吃飯時擺譜還有一層意思，就是每道菜名叫什麼，掌勺的大廚是誰，在盤子邊都要標得一清二楚。這樣一是保證飯菜的品質，顯掌勺的手藝；二是萬一飯菜出了品質問題，比如有毒，追究起來也方便。如今上等級飯店也會這樣做，不知是不是學自皇家。

## 防御膳裏下毒的招兒

皇帝的餐具也是有講究的，以金銀器為主，即使是陶瓷製品，也是上好的質地。其中，金質碗、碟、盤等器皿最能顯示皇家的氣派，故而皇家都喜歡「金飯碗兒」。如果改用其他質地的器皿盛飯菜，會惹主子生氣的。

清順治皇帝御制《端敬皇后行狀》中透露了當初廢掉皇后博爾濟吉特氏的情況，原因之一就是她「癖嗜奢侈」，「嚐膳時，有一器非金者，輒怫然不悅」。

《聽琴圖》宋徽宗畫作欣賞

除了金器，銀器在皇帝的餐具中，也占有很大比例。如乾隆二十一年（西元1756年）十一月初三日《御膳房金銀玉器底檔》所記的餐具如下──

金羹匙1件、金匙1件、金叉子1件、金鑲牙箸1雙、銀西洋熱水鍋2口、有蓋銀熱鍋23口、有蓋小銀熱鍋6口、無蓋銀熱鍋10口、銀鍋1口、銀鍋蓋1個、銀飯罐4件、有蓋銀桃子6件、銀鏃子4件、有蓋銀暖碗24件、銀蓋碗6件、銀鐘蓋5件、銀鏨花碗蓋2件、銀匙2件、銀羹匙13件、半邊黑漆葫蘆1個、內盛銀碗6件、銀桶1件、內盛金鑲牙箸2雙、銀匙2件、烏木筷10雙、高麗布3

塊、白紡絲 1 塊、黑漆葫蘆 1 個、內盛皮 7 寸碗 2 件、皮 5 寸碗 2 件、銀鑲裏皮茶碗 10 件、銀鑲裏 5 寸無分皮碗 1 件、銀鑲裏罄口 3 寸 6 分皮碗 9 件、銀鑲裏 3 寸皮碗 22 件、銀鑲裏皮碟 10 件、銀鑲裏皮套杯 6 件、皮 3 寸 5 分碟 10 件、漢玉鑲嵌紫檀銀羹匙、商絲銀匙、商絲銀叉子 2 件、商絲銀筷 2 雙、銀鑲裏葫蘆碗 48 件、銀鑲紅彩漆碗 16 件。

從這份檔案中可看出，乾隆所用餐具中，絕大部分都是銀器。如果說皇家喜歡金，那是為了顯示氣派和高貴，而使用銀器，則有很多實際功能。

在中國歷史上，並不乏皇帝被人在飯菜中做手腳而毒死的事件。《資治通鑑‧晉紀八》（卷 86）記載，漢惠帝司馬衷，「食餅中毒，庚午，崩於顯陽殿」。所以，皇家為了保證食品安全，過去通常有兩種辦法，一是在皇帝用膳前讓別人先嚐，這差事往往是侍膳太監的份內事，叫做「嚐膳」。如果有毒，皇帝就可躲開斃命的危險。再是，餐前驗毒，常用工具就是銀器。

過去清宮盛裝御膳的器皿外，會掛一個小銀牌，在拿開蓋罩後，太監會當著皇帝的面，把銀牌放進湯菜裏試一下。溥儀證實了這一點，「每個菜碟或菜碗都有一個銀牌，這是為了戒備下毒而設的」。

　　原來，如果有毒，銀牌立刻就會變黑。現代科學已證明，這種方法是簡單有效的。因為銀碰到硫化物會起化學反應，生成黑色的硫化銀。過去常用毒藥，如砒霜（三氧化二砷）在提取時往往含有硫化物，所以銀器測毒很靈驗。

## 清朝皇帝喜歡吃鴨子

　　過去曾有用人乳汁做菜給皇帝吃的傳說，甚至有皇帝食用活人腦的野聞。但從明清御膳譜來看，並沒有這些東西。不過，御膳做起來更講究是不爭的事實。御膳都是些什麼菜？品種不少，但一般離不了豬羊雞鴨魚肉，關鍵是做法上有諸多講究。

　　以清朝的御膳為例，清宮檔案記載，皇帝每天的分例是——

　　　　盤肉22斤，湯肉5斤，豬油1斤，羊2隻，雞5隻，鴨3隻，白菜、菠菜、香菜、芹菜、韭菜等共19斤，蘿蔔60個，包瓜、冬瓜各1個。莖藍、蕹菜各6斤，蔥6斤，醬和清醬各3斤，醋2斤，玉泉酒4兩。

　　　　早晚隨膳餑餑8盤，每盤30個（一盤餑餑用上等白

麵4斤，香油1斤，芝麻1合5勺，澄沙3合，白糖、核桃仁和黑棗各12兩），御茶房備例用乳牛50頭，每頭牛日產乳2斤，玉泉水12罐，乳油1斤，茶葉75包（每包2兩）。

這一分例，當時需花費銀子五十兩，一年算來就是一萬八千兩百五十兩。如果加上逢年過節、喜慶活動時開支，一年吃掉幾萬兩銀子是常事。

清朝皇帝和南京人一樣——喜歡吃鴨子，每頓御膳裏總少不了鴨子。乾隆五十三年（西元1788年）七月初七「七巧節」，乾隆早膳裏便有酒燉鴨子、托湯鴨子、清蒸鴨子。慈禧太后的日常御膳譜裏有燜蒸鴨子、清燉鴨子、烤鴨，鴨舌、鴨掌、鴨肫、鴨肝、鴨腸，她都愛吃。

末代皇帝溥儀在《我的前半生》一書中抄一張「宣統四年二月糙卷單」，時溥儀僅7歲，早膳卻近三十道菜，其中有三鮮鴨子、鴨條溜海參、鴨丁溜葛仙米。

而且，清朝御膳房裏的大廚也很會做鴨子。如慈禧喜歡吃的燜蒸鴨子，洗淨去內臟，裝入瓷罐，用文火煮上兩天，把鴨肉整得酥爛，才好。清燉鴨子得花上三天工夫，去掉毛和內臟後，將鴨子放進坩鍋裏蒸三天，才成。金魚鴨掌的做法更絕，先將鴨掌放入鍋中，清水煮十五分鐘，五成熟取出，剔掉骨頭與掌心硬繭，再將香料和玉蘭花放入其中，混

煮，清爽可口。

## 朱元璋發明「四菜一湯」

相比起來，前朝的朱姓皇帝就沒有清皇那麼講究，這可能與朱元璋早年家境貧寒、吃不飽肚子的經歷有直接關係。

有一個傳說，當年朱元璋要飯時餓得頭昏眼花，一個討飯婆給了他一碗瓦罐湯。朱元璋吃了還想吃，便問婦人這是什麼湯。婦人順口胡侃一句「珍珠翡翠白玉湯」。朱元璋記下了。當了皇帝後，便要御廚給自己做此道湯，但御廚做的味道怎麼都不對。後來在盱眙祖籍地找到了當年的老婆子，才知道這僅是一道用爛白菜、玉米粒、剩飯混在一起的「雜燴湯」。「珍珠翡翠白玉湯」，據說從此成為明朝御膳裏的保留菜單。

不過，朱元璋和皇后馬秀英比較節儉應該不是假的。從《南京太常寺條》祭祀孝陵的祭品單中看，總少不了韭菜、薺菜、芹菜、茄子、苔菜、竹筍、芋苗這些農家土菜，應該是朱元璋和馬皇后生前常吃的。

如今反腐倡廉提出的「四菜一湯」，也是朱元璋發明的。南京坊間是這樣傳的：朱元璋當上皇帝後，老百姓的生活並不好過，但達官貴人卻窮奢極欲，過著花天酒地的生活。朱元璋十分看不慣，如此下去大明朝也要亡國，決心整治這股

奢侈風氣。

時適逢皇后生日，各路人馬都來賀壽。待全部坐齊之後，朱元璋吩咐上菜：第一道菜是炒蘿蔔；第二道菜是炒韭菜；第三道兩大碗青菜；最後一道是蔥花豆腐湯。眾臣不解，朱元璋解釋，「蘿蔔上了街，藥店無買賣」、「韭菜青又青，長治久安定人心」、「兩碗青菜一樣香，兩袖清風好丞相」、「小蔥豆腐青又白，公正廉潔如日月」。

大臣聽罷知道朱元璋的用意。朱元璋當眾宣佈：「今後眾卿請客，最多只能『四菜一湯』，這次皇后的壽筵即是榜樣，誰若違反，嚴懲不怠。」

從此，「四菜一湯」的規矩便從宮廷傳到民間，進而成了現代廉政的榜樣。從這兩件事上可以看出，皇帝也非不食人間煙火，並非天天都是大魚大肉，山珍海味。

## 「珍珠翡翠白玉湯」變味了

開國皇帝深知江山來之不易，守成皇帝就未必能體會了。如同現在官方提倡的「四菜一湯」招待方式時常變味一樣，明朝的御膳內容後來也都被「改頭換面」了，如原涮鍋水沒有兩樣的「珍珠翡翠白玉湯」，後來御廚用百隻小鳥的腦子來做，味道特鮮美。

據明萬曆年間太監劉若愚所著的《酌中志》記載，中後

期明朝御膳的花樣也繁多，天天有新菜、月月吃不同，僅正月便有——

斯時所尚珍味，則冬筍、銀魚、鴿蛋、麻辣活兔、塞外之黃鼠、半翅雞、江南之蜜柑、鳳尾桔、漳州桔、橄欖、小金桔、風菱、脆藕，西山之蘋果、軟子石榴之屬，冰下活蝦之類，不可勝計。本地則燒鵝雞鴨、燒豬肉、冷片羊尾、爆炒羊肚、豬灌腸、大小套腸、帶油腰子、羊雙腸、豬脊肉、黃潁管耳、脆團子、燒筍鵝雞、醃鵝雞、炸魚、柳蒸煎魚、鐵腳雀、鹵煮鵪鶉、雞醢湯、米爛湯、八寶攢湯、羊肉豬肉包、棗泥卷、糊油蒸餅、乳餅、奶皮、燴羊頭、糟醃豬蹄尾耳舌、鵝肫掌。

素蔬則滇南之雞樅，五台之天花羊肚菜、雞腿銀盤等蘑菇，東海之石花海白菜、龍鬚、海帶、鹿角、紫菜，江南蒿筍、糟筍、香菌，遼東之松子，薊北之黃花、金針，都中之山藥、土豆，南都之苔菜，武當之鸚嘴筍、黃精、黑精，北山之榛、栗、梨、棗、核桃、黃連茶、木蘭芽、蕨菜、蔓菁，不可勝計也。茶則六安松蘿、天池，紹興茶，徑山茶，虎丘茶也。

凡遇雪，則暖室賞梅，吃炙羊肉、羊肉包、渾酒、牛乳、乳皮、乳窩卷蒸用之。先帝最愛炙蛤蜊、炒鮮蝦、田雞腿及筍雞脯，又海參、鰒魚、鯊魚筋、肥雞、

豬蹄筋共燴一處，名曰「三事」，恒喜用焉。

這麼多的菜，在明朝的御膳中，僅是日常所用。由此可見，只要當了皇帝，再怎麼節儉，對普通人而言，也是太過奢侈的！

# 劉邦與朱元璋的「夫妻生活」揭秘

在中國歷史上，有兩位地位顯赫的開國布衣皇帝：一是漢高祖劉邦，再是明太祖朱元璋，劉、朱二人創造了歷史的輝煌，漢朝與明朝都成為中國的「大朝」、「盛朝」。朱元璋也為此自豪，稱「惟公與我起布衣而有天下」，其中的「公」，即指漢高祖劉邦。

　　但他們兩個皇帝在夫妻生活中，或者說後宮生活上面，在帝王史上卻留下了截然不同的一面。這裏，便來聊聊劉邦與朱元璋的故事，特別是在「夫妻生活」上的不同。

## 劉皇帝與朱皇帝的相同之處

　　劉邦是朱元璋的偶像，這已為史學認同。

　　當年，朱元璋稱帝後，拜祭歷代帝王廟時，僅給劉邦敬了一杯酒，原因就在這句話裏——「惟公與我起布衣而有天下」：兩人一樣都是從平頭老百姓起家當上皇帝的。

　　從史書的記載上看，劉邦與朱元璋這兩位「皇帝哥們」出身和經歷有相似之處。都起於淮楚之地，劉邦是今天徐州人，朱元璋是鳳陽人，兩地相距並不很遠，在歷史上交流頻繁，習俗相通。

　　在位時，都很有作為，在鞏固政權的手段上，治國謀略是驚人的相似，就是初期殺盡出生入死的文武忠臣，劉邦身邊的韓信、彭越、英布等都被他殺了。朱元璋也是，開國之

歷史上的劉邦與呂雉

臣李善長讓他逼自殺了，大將軍徐達讓他賜發物蒸鵝給弄死了。

在休養生息政策上，劉邦和朱元璋都採取了不少有益於民眾的措施，促進了當時社會穩定和生產力水準的提高。

劉皇帝在前，朱又視之為偶像，如果說明代的政策是承襲了漢制，似無不可，有一脈相承之跡象，當然說受到影響可能更恰當。

## 劉皇帝與朱皇帝的不同之處

但是，兩人也有很大的不同，就是在對待女色上，在後

宮生活中的反差相當大。

在性生活，在美色消費方面，劉邦是很濫的，性取向混亂。而因為漢皇在性事上的隨便，史上有「爛漢髒唐」的說法。

秦漢時期從民間到宮裏，縱慾之風盛行（目前出土有大量漢代性用具，就是一個佐證）；很可能劉邦的性取向即受此淫風的影響，而呂后與戚夫人之間的明爭暗鬥，也給劉邦的豐功偉績上抹了一筆黑。

朱元璋在這方面的形象似乎很好。雖然濫殺了眾多大臣，亦有眾多嬪妃，但那是中國傳統帝王專制制度造成的，比起劉邦，可以說朱元璋在性事方面規矩多了，特別鍾情於妻子馬秀英。

歷史上的朱元璋與馬秀英

馬氏也是中國歷史上難得的一位好皇后，她死後，朱元璋多年不冊立新后，如果在民間，他們真的就是一對「模範夫妻」了。

假如要在帝王中評模範丈夫，劉邦自然就沒有資格了，朱元璋倒是最佳人選。

## 劉邦未當皇帝前的「性史」

先來聊聊劉邦的後宮。

多讀歷史的人都知道，劉邦的後宮是充滿血腥味的。劉邦的正妻呂后，名雉，字娥姁，今山東單縣人，遷居徐州沛縣。呂后在中國眾多的皇后中，算是心毒手狠、極有心計的一個女人，如果沒有唐代的武則天，想來就數她最著名了。

劉邦是徐州市沛縣陽裏村人（一說今豐縣城西），本是一個好吃懶做的人，「不事家人生產作業」，「好酒及色」。整日遊手好閒，吃喝嫖賭，無所不會，四十歲時還是光棍一個。

這麼大的人還沒有老婆，怎麼解決性需要？除了嫖娼，劉邦還有一個辦法就是找性伴侶，常年與一個姓曹的女人鬼混，還把曹女的肚子搞大，生了一個兒子，取名劉肥。劉邦當了皇帝後，劉肥被立為齊王，這是後話。

雖然是個混混，但劉邦腦子好使，什麼東西一學就會。後來，經人指點，給當地的官員跑腿，混上了泗水亭長。從此，他與縣裏一班官員有了來往，如蕭何、曹參、夏侯嬰。雖然已是個地方小官，但因為有劣跡在前，此時仍娶不到老婆，良家不願把閨女嫁給這個「流氓」。

但貴人自有吉相，《漢書·高帝紀》（卷1）稱：「高祖為人，隆準而龍顏，美鬚髯，左股有七十二黑子。」據說呂雉的父親會相面，覺得劉邦相貌不俗，有將王之相，將來必成大

器，於是將當時已是「大齡女青年」的閨女呂雉嫁給劉邦，劉邦這才有了老婆。

其實，在今天看來呂雉嫁給劉邦時並不算大，才二十五歲。當時鄉親們都嘲笑劉邦的老丈人嫁女行為很愚蠢，劉邦後來做了皇帝，村人才知道呂父的眼光是如何厲害。呂雉當年也覺得丈夫將來會有出息，據說她看到，劉邦到哪頭頂上總有一團祥雲跟著。

## 劉邦老婆是「偷情」高手

呂雉其實並非良家閨女，並不守婦道，還曾「紅杏出牆」呢。

在劉邦與項羽南征北戰，連性命都不保時，呂雉卻在家裏與同村的名叫審食其的男人勾搭成奸。本來劉邦考慮自己常年征戰在外，家裏無人照應，讓審食其幫著照料自己妻小的，誰想性慾難忍的呂雉卻與他眉來眼去，日久生情，在家過起了「夫妻生活」。

後來，項羽把他們作為人質扣留時，呂雉與審食其仍同食同宿，外人竟然發現不了，故有史學家稱呂雉不只是「毒婦」，還是「偷情高手」。

劉邦稱帝後，呂雉還提請封審食其為「辟陽侯」，為劉邦同意。此後，兩人「偷情」時，審食其在床上更賣力了，答

謝呂雉為自己的努力。劉邦雖然是戰場上的大丈夫，但在情場上則是戴綠帽的皇帝，後宮失守啊。

可歎的是，他死時也不知此事啊（也許是故意裝著不知）！

## 劉邦與戚夫人的「一夜情」

呂雉給劉邦生了一兒一女，除了惠帝劉盈，還有魯元公主。但呂雉好爭風吃醋，在當了皇后後更做了許多「人做不出來」的事情，如把戚夫人製成「人彘」，成就了她中國歷史上最毒「毒婦」的罵名。

劉邦是很有女人緣的，結婚之前就把一曹姓女人勾上手了，在婚後一樣走桃花運。在與項羽爭奪江山期間，前期老吃敗仗，但卻收穫到了一個年輕美貌、後來影響後宮的女人——戚夫人。

得到戚夫人的故事很浪漫，說是有一次敗給項羽後，連飯也沒得吃，逃到一村子裏遇見一個老人。老人姓戚，帶著十八歲的閨女在此躲避戰亂。一見帶兵的劉邦，老人嚇得連忙下拜，並帶他回家裏弄菜弄酒給他吃。

劉邦見到老人的閨女，頓時動了心思，得知女孩尚未嫁人後，心中竊喜。老人看出意思，就說相面先生講他閨女有貴人之相，難道遇到大王，就是她的前世姻緣？於是要把閨

女許給劉邦為妻。

　　雖然說劉邦心裏暗喜，考慮家有妻室，已有呂雉，也客氣了一番才應下。據說，劉邦是解下自己的玉帶作為定情之物，老人當晚便讓閨女陪劉邦睡覺了，劉邦這第二位「老岳父」看來比今天的父母們還想得開呢。

　　但因為這次「一夜情」，戚家閨女從此跟定了劉邦，後來成為劉邦後宮的寵妃。

　　到此，劉邦已有了三個女人，一個情人曹氏，第一房妻子呂氏，第二房妻子戚氏。

## 劉邦後宮女人爭風吃醋隱情

　　劉邦與呂雉的感情本來是不錯的，她畢竟是打光棍時的髮妻。

　　但在奪了天下後，情況卻發生了變化。呂雉比戚夫人大多了，戚夫人與劉邦「一夜情」時，是才十八歲的黃花大閨女，也是中國歷史上有名的美女之一；而呂雉當年是有嫁不出去之嫌的女人。年齡一大，呂雉自然就成了「豆腐渣」，年老色衰敵不過戚氏。兩人分別當了劉邦的皇后和愛妃（夫人）後，就開始明爭暗鬥起來了。

　　起先戚夫人占上風，劉邦每次外出都由戚夫人陪侍，而把呂后丟在後宮。戚夫人長得漂亮，歌舞也好。樂得劉邦天

《月下賞梅》（清 陳枚）

天把美人摟在懷裏，而冷落了呂后，漸漸劉邦與呂后之間的情感就出了問題。

本來已定下呂后生的兒子劉盈為太子，戚夫人卻希望讓自己十歲的兒子如意繼位。劉邦也不看好劉盈，覺得性格不像自己，而如意卻很聰明，有自己年輕時的樣子。當劉邦把自己廢太子的想法拿到朝中商議時，如果不是有口吃的大臣周昌冒死力諫，戚夫人的陰謀差點就成了。

後來，戚夫人又多次向劉邦提出立自己兒子為太子的事情，但年老的劉邦心有餘而力不足了，因為在呂后的精心策劃下，太子的勢力已形成，沒有辦法廢了。年幼的如意被迫

離開京城到三千里外的封地為王。

劉邦死後，劉盈繼位，史稱惠帝。貴為太后的呂雉捲土重來，「惡毒婦人心」顯露了出來。她第一件事情是把「情敵」戚夫人罰為奴隸，讓人用鉗子把她的一頭秀髮統統拔光，搞成了禿子，罰她去舂米勞動，限每天要舂一石，如果少半升則要打她一百棍。

據《漢書》記載，自知命運不濟的戚夫人悲從心中來：

「子為王，母為虜，終日舂，薄暮常與死相伍，相隔三千里，誰當使告汝？」

呂后聞訊，心生毒計，把戚夫人的兒子如意誘進京城，暗暗把他毒死了。如意死時是七竅出血，連已稱帝的劉盈也於心不忍，大哭了一場，用王的禮儀將同父異母的如意葬了，諡號隱王。

但就這樣還不解恨，呂雉最後用「人彘」之刑把戚夫人活活給弄死了。自己的兄弟死後，劉盈很悲傷的，但呂后竟然讓他去看「人彘」表演。劉盈也不知「人彘」為何物，便跟著太監去看了，七彎八繞到一間廁所裏，看到一個血人，四肢全被砍了，眼珠被挖了，剩下兩個血窟窿，人還沒有死，身子還能動，嘴一張一張的。

劉盈便問太監這是什麼，一聽是戚夫人，他差點被嚇暈

了。原來，呂雉對戚夫人下了毒手，施了酷刑後，又給她硬灌了藥，讓她聽不見，不能語，半死不活地扔到了廁所裏。惠帝因為受此驚嚇，從此也不敢「治天下」了，終日飲酒作樂，僅做了七年皇帝就死了。

呂后的惡毒其實與劉邦有直接關係：他沒有處理好夫妻之間的感情問題，特別是在稱帝後十分好色，縱慾，把寵愛全給了年輕美貌的戚夫人，讓結髮之妻呂后獨守冷宮，從常理上講，呂后對戚夫人懷有不滿是可以理解的。戚夫人希望自己的兒子當太子，也是感到劉邦死後自己的日子會很難過，所以才希望劉邦廢了劉盈。

劉邦在歷史上是個十足的淫亂皇帝，他不僅十分好女色，性取向也十分混亂，還是個同性戀，或者說「雙性戀」。他的男寵據說叫籍孺，劉邦經常與他同寢共枕。

劉邦的同性戀取向，可能與漢代人相信「美男破老」的習俗有關。道家養生有一種說法，年老男人與年輕的美少男同房可以延年益壽。

從這性事上可以看出，在女色節制方面，劉邦確實是不能與朱元璋相比的。

## 新媳婦為救朱元璋燙傷乳房

再聊聊朱元璋的後宮。

劉邦沒有一個好的皇后，朱元璋的後宮卻很幸福，自然是因為皇后馬秀英的仁慈。因為馬皇后的出現，中國帝王的後宮裏才多了一位值得稱道的女性。

　　在與馬秀英認識前，朱元璋不像劉邦那樣有前科，既無情人，也不遊手好閒。他放過牛，做過和尚。因為瘟疫，家裏的人全死光了。因為貧窮，父母哥兄死後只能用草席埋了了事。朱元璋成了孤兒，可以說家境比當年的劉邦差多了。

　　但就是這樣，《太祖實錄》記載，朱元璋：

> 「奮起淮甸，仗劍渡江，英賢雲集，平偽漢，伐偽吳，定關中，廓清中原，遂平元都，混一海宇，不十年而成大業。」

　　與劉邦一樣，朱元璋的妻室也是人家「送」的。不同的地方是，劉邦是名聲不好，娶不到，朱元璋則因家裏貧寒，娶不起。元順帝至正十二年（1352年）三月，朱元璋投奔郭子興時，其時還是一個窮和尚。郭子興是安徽定遠縣有名的土財主，因無法忍受元人的欺侮，在濠州發動起義。

　　收了朱元璋後，郭子興常帶他在身邊，當親兵用。

　　在智慧上，朱元璋與劉邦都有過人的地方。因為有勇有謀，才受到郭子興的信任和器重，投奔兩個月後，郭子興與夫人張氏做主，將義女馬秀英嫁給了朱元璋，這樣也好拴住

朱元璋的野心,讓他忠心效勞。

馬秀英是安徽宿州人,父親名字不詳,史書上只稱「馬公」,母親叫鄭媼,在馬秀英很小的時候就死了。馬秀英的父親因為殺了人,從宿州逃到定遠,把閨女託付給有交情的郭子興,這樣馬秀英成了郭子興的義女,寄養郭家。

後來,馬父客死他鄉,郭子興待馬秀英更如親生閨女,據說親自教她讀書寫字。馬氏長大後,端莊秀麗,但天生一雙大足,時人稱天足,未纏過腳。因為這雙腳,民間戲稱馬秀英為「馬大腳」。

馬秀英嫁給朱元璋後,很是疼愛自己這位小和尚出身的丈夫。據說有一次因為傷了郭子興的面子,郭子興一氣之下將他關了禁閉,也不給吃的。還是新媳婦的馬秀英一聽急了,從伙房偷了一個剛出鍋的饅頭送給朱元璋,路上碰巧碰到了義母張氏,便慌忙把饅頭往懷裏藏,結果把乳房都燙傷了,可見朱元璋與馬秀英之間的恩愛程度。

## 朱元璋不再另立皇后之謎

正因為這樣,朱元璋當皇帝後,天不怕地不怕,就怕皇后馬娘娘,生怕馬秀英不高興。而馬氏因為恪守婦道,人品好,後宮嬪妃沒有人不服,史學家稱馬氏是一個稱職賢慧寬厚仁慈的正宮娘娘。

史書上對馬皇后多有褒言，《明通鑑》稱：

> 后，宿州人，仁慈有智鑒，好書史，佐上定天下，
> 恆勸以不嗜殺人為本。及冊為皇后，勤於內治，暇則講
> 求古訓，告六宮以宋多賢后，命女史錄其家法，朝夕省
> 覽。……妃嬪、宮人皆厚待之。命婦入朝，如家人禮。
> 愛誦《小學》，嘗求上表章。上決事或震怒，輒隨事微
> 諫。雖上性嚴，為緩刑，戮者數矣。

從這段記載上可見，呂雉與馬秀英是兩個完全不能相比
同論的皇后，一個惡毒，一個仁慈；一個不守婦道，搞亂後
宮，一個恪守女道，穩定後宮；一個煩神，一個省心。

在這一點上，劉邦確實是不幸的，而朱元璋則是幸運
的。馬皇后為他生育了不少兒子，《歷代陵寢備考》稱，「后
生懿文太子、泰王樉、晉王棡、成祖、周王」（注，有史書稱
馬皇后不能生育，朱棣非其親生），還為他的政事操心。

馬皇后多次勸朱元璋：「誠如陛下言。妾與陛下起貧賤，
至今日，恆恐驕縱起於奢侈，危亡起於細微。故欲得賢人，
共理天下。」如果不是馬皇后，朱元璋還不知要濫殺多少人
呢。而劉邦的皇后呂雉呢，則嫉賢妒能，為了坐穩自己的皇
后寶座，什麼事都幹得出來。

朱元璋也深知妻子的賢能，在馬皇后生病後，朱元璋為

她請來了良醫，還親自送飯，親手餵藥，大臣也為她禱祀。《明通鑑》載，馬皇后告訴朱元璋：

> 「死生命也，禱祀何益？且醫何能活人，使服藥不效，得毋以妾故罪諸醫乎？」

《國榷》也稱：

> 后微時，依郭子興家，事上備極艱苦。每佐征討大策，補縫行間，雖貴極，謙素不渝。上或譴怒，輒婉辭。朝夕尚食，手劑之，其謹微類此。疾篤，不復飲藥。曰：「藥無益，徒為醫者累」。

臨死時，朱元璋問她有什麼話留下，她說，「願陛下求賢納才，慎終如始。」洪武十五年，馬皇后死了，時年五十一歲。當時朱元璋是淚如雨下，至死也沒有再立一個皇后。

死後，朱元璋給馬皇后很高的榮譽，諡之「孝慈昭憲至仁文德承天順聖高皇后」，孝陵之名即由此而來。嘉靖十七年，加諡「孝慈貞化哲順仁徽成天育聖至德高皇后」（《明史‧后妃傳》）。

## 朱元璋到底碰過多少女人

老百姓有言，古代皇帝沒有一個不好色的（除了小皇帝啊），此言有道理。

雖然朱元璋與馬秀英兩人之間感情極好，但並不是說朱元璋的後宮生活就不豐富，朱元璋也是男人，是男人就喜歡美女，他性生活同樣出色。

《明會典》稱，「太祖四十妃嬪，惟二妃葬陵之東西，餘俱從葬。」又有史書稱是四十六嬪妃。不論到底哪一個數字正確，至少可以證明一點，朱元璋死前碰過的女人不低於四十名。

具體見《國榷》中記載，有昭敬充妃胡氏、成穆貴妃孫氏、淑妃李氏、安妃鄭氏、莊清安榮惠妃崔氏、安妃達氏、碩妃、寧妃郭氏、惠妃郭氏、順妃胡氏、郜氏、韓氏、余氏、楊氏、周氏、貴妃趙氏、賢妃李氏、惠妃劉氏、麗妃萬氏，等等。

朱元璋對女人管理很嚴，甚至很殘酷。一旦發現身邊的女人對他不忠，或如劉邦的老婆呂雉那樣有「紅杏出牆」之嫌，那必死無疑。民間有一種說法，朱棣非馬皇后所生，其母親是碩妃。但生下朱棣後，碩妃便受鐵裙之刑慘死。

「鐵裙刑」是中國古代男人懲罰不忠女人的一種酷刑：將鐵片做成刑具，形如裙子，逼犯人穿到身上，然後把「裙子」

放在火上烘烤。刑具受熱，犯人的皮肉如被烙鐵烙，其慘狀不言而喻，結果可想而知。

碩妃懷孕不足月便產子，受鐵裙之酷刑。

朱元璋為什麼要這麼對待自己早產的女人？原來朱元璋懷疑她與人私通懷孕。當然，朱棣生母之死是一種民間傳說，並不真實。但是，從中透露出朱元璋對待不忠女人的態度，還是有幾分道理的。

## 性生活態度決定歷史形象

漢、明兩朝的帝王們，在生活上都是很荒淫的，兩朝都出了很多風流帝王、荒淫皇帝。如漢武帝「金屋藏嬌」、漢成帝「牡丹花下死」、明武帝「豹房縱慾」、明世宗「煉丹戀色」。

但是，朱元璋雖有眾多嬪妃，連政治對手的女人也不放過，卻獨獨沒有「荒淫皇帝」的罵名，令人稱奇。

劉邦不同了，同樣是開國之君，民間則認為他是一位「流氓皇帝」。這到底為何？對性生活的態度決定歷史形象。

劉邦與朱元璋歷史形象的明顯區別，也許還與他們各自的生理需要不同有關，不過最終還是各人在對待女色、對待妻子（皇后）態度上的不同所致。

劉邦一見呂后年老色衰，就拿結髮妻子不當妻子了，而

獨寵戚夫人。朱元璋則不同，雖然馬皇后生的是一雙大腳，這在過去是很醜的女人，但朱元璋一直視之如賢妻。馬皇后病了，他是「朝夕尚食，手劑之」。這種只能在尋常夫妻中才能看到的情形，出現在朱元璋的後宮中，實在是難得啊。

馬皇后在朱元璋的女色消費上，也不是不管不問的，還是有節制的。但馬皇后對朱元璋並不採取性控制的手段，讓他專寵她一人（事實上也不可能），而是允許、甚至鼓勵朱元璋納妃子，包括前朝元順帝的妃子洪吉喇氏（有人稱是朱棣生母，後文會說此事）、朝鮮女人李氏、對手陳友諒的小老婆。如果是呂后，這些女人恐怕早給折磨死了。但馬皇后卻很好地

宮女嬉戲（唐寅）

理順了這麼多女人之間的關係，寬厚仁慈，同樣難得！

家有賢妻旺夫啊。對於帝王來說，這道理是一樣的。劉邦和朱元璋雖然都出身平民，但在史上留下了不同的評價，我想與兩人皇后的優劣不無關係。但歸根結柢，還是與兩人對性生活態度的不同造成的。

古代帝王死後神秘的殉葬

所謂人殉，簡單地說就是以活人作為死者殉葬品的葬俗（葬制），以卑者殉尊者為常見。

　　在中國古代帝王死後，人殉比較普遍，但在漢朝以後，此惡俗慢慢消失了，至唐朝則已非常罕見，接近廢除。但到明代卻死灰復燃，這古老的葬俗由此再添一層神秘。

　　明太祖朱元璋一生有兩大備受史學界非議的地方，一是酷刑濫殺，二是恢復人殉。特別是後者，最為人不褒。

　　布衣皇帝朱元璋為什麼要這樣？古代的殉葬又有何神秘？

## 明太祖恢復活人殉葬惡俗

　　《明史‧太祖本紀》記載，1398年閏五月初十，「（朱元璋）崩於西宮，年七十有一」。朱元璋死後，長孫朱允炆繼大位，史稱建文帝。朱允炆七天後即將喪事處理完畢。其間，有一件事情非常讓人痛心，就是有眾多年輕美貌的嬪妃宮女從死。

　　朱允炆遵遺詔，依古制，凡沒有生育過的後宮嬪妃，皆令殉葬，另有若干宮女從死。具體殉葬是多少人，史上並無確切的記載。據明末人毛奇齡所著《彤史拾遺記》記載，「太祖以四十六妃陪葬孝陵，其中所殉，惟宮人十數人」。

　　毛奇齡的依據是，朱元璋下葬孝陵後，朱允炆對這些生

古代墓葬中的宮女圖

殉宮女的家屬進行了表彰和封賞。「洪武三十一年七月，建文帝以張鳳、李衡、趙福、張弼、汪賓、孫瑞、王斌、楊忠、林良、李成、張敏、劉政等，由錦衣衛所試百戶散騎帶刀舍人，進為本所千、百戶，其官皆世襲。以諸人皆西宮殉葬宮人父兄，世所稱朝天女戶者也。」

　　另一可以證明朱元璋令宮內女人殉葬的有力證據是，朱棣將朱允炆趕下寶座，自己當了皇帝後，對侄兒皇帝在位時所為做了處理，連其年號也取消了，以朱元璋的「洪武」

來替。

在討論革除朱允炆在位時所授官員的職位時，有人建議一革乾淨，對「朝天女戶」也不保留。朱棣不同意，將這些人家都做了妥善安排，「帶薪上崗」，去看護孝陵衛，直到明亡方散。朱棣當時是這樣講的，「他們這幾家，都是好職事。不動。通調孝陵衛帶俸。」

這麼多女人殉葬後，是葬於孝陵內，還是另擇墓穴，目前考古仍未完全證實。但學術界認為，真正能陪同朱元璋一塊長眠的不會太多，可能只有皇后馬氏、成穆貴妃孫氏、寧妃郭氏等幾個女人，其他應該是在孝陵附近擇地祔葬。

明孝陵「申遺」前後曾進行了大規模的考古探測，發現這些妃子、宮女墓大體有三處，一是孝陵西側的植物園內，二是明孝陵宮牆外西南角，三是孝陵右側的區域——朱元璋讓這些後宮女人死後還要圍他一人來轉，在陰間服侍他。

## 吊死宮人三十餘人殉朱棣

因為有朱元璋的示範帶頭作用，在帝王葬制中幾乎消失的生殉制，在十四世紀之後的中國，又死灰復燃，並流行了起來。

接下來的朱棣死後，也是用活人殉葬，據說有三十餘位後宮佳人被勒死。對於活人殉葬的具體過程，雖然殉葬惡俗

墓室壁畫《儀仗圖》

在中國有幾千年歷史，但所記多不詳，有詳細描述的僅見朱棣後宮殉死的過程。

朱棣死後，關於嬪妃宮女殉葬的事就提上了議事日程，嗣皇帝、朱棣的大兒子明仁宗朱高熾圈定了殉葬者大名單。「帝崩，宮人殉葬者三十餘人。當死之日，皆餉之於庭，餉輟，俱引升堂，哭聲震殿閣。堂上置木小床，使立其上，掛繩圍於其上，以頭納其中，遂去其床，皆雉頸而死。」

這段文字並不見於中國古代文獻，出自《朝鮮李朝世宗實錄》，蓋因所殉嬪妃中有兩位朝鮮選獻的美女韓氏和崔氏。

「韓氏臨死，顧謂金黑曰：『娘，吾去！娘，吾去！』語未竟，旁有宦者去床，乃與崔氏俱死。」殉葬儀式由朱高熾親自到場主持的，與她們一個個話別，「褚死者之初升堂也，仁宗

親入辭決。」韓氏在臨殉前，就是不住地哭泣，她向朱高熾提了一個要求，希望年老的母親能得到照顧，「謂仁宗曰：『吾母年老，願規本國。』仁宗許之。」

## 進宮二十天宮女也被處死

而在有明一朝所有殉葬宮妃中，當數才女郭愛的從死最令人傷心同情。郭愛進入明宣宗朱瞻基的後宮時間很短，僅僅二十天後，只有三十八歲的朱瞻基就死了。

知道自己要殉葬，郭愛仿楚辭寫下了「絕命書」：「修短有數兮，不足較也。生而如夢兮，死則覺也。先吾親而歸兮，慚予之失孝也。心惸惸而不能已兮，是則可悼也。」

郭愛是從朱瞻基的祖籍地安徽鳳陽選進後宮的，本來是榮宗耀祖，無上光榮的事情，結果還不知是否讓朱瞻基「幸」過她呢，就要殉葬。《史明・后妃列傳》上有郭愛的記載，對她評價甚高，稱「賢而有文」。

郭愛的「絕命書」當時影響很大，繼大位的明英宗朱祁鎮是朱瞻基的大兒子，他看到那麼多鮮活的生命就這樣死去，於心不忍，臨死時留有遺詔，囑廢掉此惡俗，「用人殉葬，吾不忍也，此事宜自我而止，後世勿復為」。

朱祁鎮當皇帝時曾被瓦剌俘獲，此成為中國古代帝王史中的一大恥辱，但因為罷殉葬一事，使他有了一個良好的歷

史形象，歷史對他這一舉動評價甚高，《明史・英宗後紀》給他的蓋棺定論是：「罷宮妃殉葬，則盛德之事可法後世者矣。」

明朝史學家當時即盛讚此舉，時人王世貞在《弇州山人別集》中稱：「此誠千古帝王之盛節。」

出於同情，朱祁鎮還對為朱瞻基殉葬的宮人進行了表彰，理由是，「茲委身而蹈義，隨龍馭以上賓，宜薦徽稱，用彰節行」。

值得注意的是，除由已死老皇帝遺詔中指明要求殉葬的人外，其他殉葬者一般都由嗣位皇帝圈定。朱祁鎮是朱瞻基的大兒子，是繼任者，郭愛當時早早地被結束了生命，「兇手」應該是朱祁鎮。朱祁鎮大概也是迫不得已之舉吧。

明代仇英版《清明上河圖卷》

## 清太祖強令少妻殉葬

朱祁鎮廢除了帝王死後活人生殉制，但這一制度實際上到清朝也沒有真正絕跡。

清朝著名的殉葬事件發生在清太祖努爾哈赤身上。努爾哈赤有一個比他小三十一歲的寵妃烏喇那拉·阿巴亥，她生於萬曆十八年（西元1590年），父親滿泰是海西烏喇部的首領。阿巴亥嫁給努爾哈赤時才十二歲，而努爾哈赤是四十三歲。

老夫少妻，年輕漂亮，又富機智的阿巴亥，很快受到了努爾哈赤的青睞和寵愛，兩年後就被立為大妃（相當於皇后）。阿巴亥先後為努爾哈赤生了三個兒子，即皇十二子阿濟格、皇十四子多爾袞、皇十五子多鐸。

天命十一年（西元1626年），六十八歲的努爾哈赤病死，考慮到多爾袞、多鐸與年輕的母后對汗位可能存在的威脅，他令阿巴亥殉葬，「俟吾終，必令殉之」。以皇太極為首的諸王，為了打壓多爾袞一派，就此將阿巴亥弄死。

阿巴亥為了保全幾個兒子，盛裝自盡，年僅三十七歲。實際上，除了阿巴亥以外，努爾哈赤生前的四位宮女也一塊殉葬了。

據傳，在清聖祖玄燁之前的清世祖福臨、清太宗皇太極，與努爾哈赤一樣，死後都有活人殉葬。一直到康熙年

間，時御史朱斐上書：

> 屠殘民命，干造化之和。僭竊典禮，傷王制之巨。
> 今日泥信幽明，慘忍傷生，未有如此之甚者。夫以主命
> 責問奴僕，或畏威而不敢不從，或懷德而不忍不從，二
> 者俱不可為訓。且好生惡死，人之常情，捐軀輕生，非
> 盛世所宜有。

玄燁於是於康熙十二年（西元 1673 年）下旨，禁止奴僕
隨主殉葬。

從此，帝王死後的殉葬制才算真正退出中國歷史的舞台。

## 秦始皇死後創殉葬人數之最

人殉制在十七世紀的中國消失了，但一個歷史疑問卻始
終存在：朱元璋為什麼在十四世紀末恢復之？從中國喪葬史
和當年的時代背景看，或許能找到一些答案。

實際上，中國古代帝王讓生者從死，歷史很長。讓身邊
人殉葬，與可以隨心所欲和他所看中的女人發生關係一樣，
也算是帝王們的特權之一，只不過是繼任者替他完成的。

中國歷史上的第一位皇帝──秦始皇嬴政死後，殉葬者
數量驚人，大概創造了歷史之最。朱元璋的殉幾十個人，與

之相比，簡直微不足道。嬴政人殉確切數字有多少，至今是謎，但可以推算出一個大概，稱其有數千人並非不可信。

嬴政是位好色之君，史上有記載，他在統一六國的過程中，也將六國後宮的女人們給「統一」了，全部充實到自己的後宮裏面，即所謂「始皇每破諸侯，寫放其宮室，作之咸陽北阪上，南臨渭」。其後宮女人數量之多由此可以想像出來。而這些女人，全都殉葬了。

《史記・秦始皇本紀》（卷六）記載：

> 以水銀為百川江河大海，機相灌輸，上具天文，下具地理。以人魚膏為燭，度不滅者久之。二世曰：「先帝後宮非有子者，出焉不宜。」令從死，死者甚。葬既已下，或言工匠為機，臧皆知之，臧重即泄。大事畢，已臧，閉中羨，下外羨門，盡閉工匠臧者，無復出者。

從這段文字看，不只後宮女人從死，參與陵寢建設的工人也無一倖免，都成了「殉葬品」。

## 秦王墓塚出土殉人骸骨一百八十四具

但人殉並非是在封建社會才出現的現象，更不是「始皇帝」的發明創造。

秦國的人殉史，在中國古代是很出名的，《史記‧秦本紀》（卷五）有這樣的文字：「二十年，武公卒，葬雍平陽。初以人從死，從死者六十六人。」從這段文字中可知道，秦武公死後，有六十六人殉葬。

但秦武公的殉葬人數還不是最多的，目前已知最多的是秦穆公。據近年公開的考古資料，從 20 世紀 30 年代，中國考古專家即著手對位於陝西鳳翔縣一帶的秦公陵區進行考古，至 20 世紀 80 年代，歷半個世紀才結束。

這項考古有多項重大的發現，其中「秦公一號」大墓的發現震驚史學界，此大墓為秦穆公的墓塚。發掘過程中共出土殉人屍骨多達一百八十四具，與《史記》等書上所記的秦穆公殉人一百七十七基本接近，殉葬者之多令人驚訝。為什麼會多出來，估計是當時現場臨時殺掉的。

遊湖賞荷（清陳枚）

## 人殉制出現在原始社會

主流觀點認為，人殉制出現在原始社會。

殉制在中國出現，並非以奴隸和戰爭俘虜為對象，而是以妻妾為開端的。這

種說法很有意思，從考古發現來看，情況也確實如此。如在一度被認為是成吉思汗陵所在地的內蒙古伊克昭盟伊金霍洛旗，在這個旗的納林塔鎮朱開溝村曾發現了一個面積巨大的古人類文化遺址。

1974 年至 1984 年十年間，內蒙古文物考古隊在這個村進行全面考古發掘。其中發掘出的一座成年男女合葬墓引起考古專家的注意，墓內女人是屈肢側身，臉朝男人。專家認為，這個女人是殉葬者，可能就是這個男人的生前配偶。

考古還發現，在年代大約西元前 4040—前 2240 年大汶口文化時期，早期的墓葬有多人合葬，多人二次合葬，多為同性合葬，早期偏晚則已出現男女合葬墓。中期以後的墓地也發現男女合葬。經性別鑒定，這些男女合葬墓均為男左女右，一次入葬，其中一座中的男子還與一幼女合葬。考古界學者認為，這應該是一種非正常死亡，正常情況下是不可能同時死亡的，猜測是家長奴隸制下殺妾殉葬的遺跡。

後來的帝王殉葬者，絕大多數是被幸過的後宮女人，應該是古代早期這種妻妾殉葬習俗的遺留和繼續。

## 人殉興盛於殷商衰於西漢

中國古代人殉現象在殷商時代最為突出，證據之一是目前的考古發現。這一時期發掘出的王塚貴族墓（殷墟墓葬），

幾乎座座都有數量不等的殉人。人殉數量少的幾十，多的上千。概因當時用奴隸殉葬已成為一種葬制。上面提到的秦公大墓，也處於奴隸社會這樣的時期。在進入周後，人殉現象才開始減弱。

　　秦朝滅亡後，到了漢朝，殉葬之風衰敗了。分析認為，秦王的殘暴遭天下人共怨，加上當時長期戰爭造成的人口劇減，從民間走出來的布衣皇帝劉邦意識到了人心和人力的重要，所以不再實行人殉，同時鼓勵婦女多生育。但這一說法專家並不都是贊成的，劉邦死後是否有人殉也待考證。

　　劉邦之後禁止人殉，但不等於當時沒有殉葬現象，實際上也沒有絕跡。

　　漢武帝劉徹在位時，從有人上書提出廢除人殉制，可以看出當時人殉現象的廣泛存在。時儒生董仲舒上書，稱「鹽鐵皆歸於民；去奴婢，除專殺之威。薄賦斂，省徭役，以寬民力。然後可善治也」。

　　「去奴婢，除專殺之威」，就是建議朝廷打擊當時的人殉現象，這一建議得到了劉徹的重視，並影響到隨後諸位皇帝的執政行為。史載，在漢宣帝劉詢在位時，趙繆王劉元要求十六個婢女從死，這一醜聞曝光後，劉元一族被取消了封國稱號。

　　與當初抓住戰俘就殺掉，到後來將之當作奴隸使用，是人類的一大進步一樣，漢朝反對人殉，也是一件值得大寫特

書的事情。但是，漢朝反對人殉，只是劉姓皇帝的觀點。從一些記載來看，此後魏晉南北朝時期的走馬燈般輪流坐莊的小皇小帝，並沒有禁止人殉。即便唐、宋這樣曾以官方形式禁止過人殉的大王朝，也有殉葬的傳聞出現。

## 少數民族殉葬現象不絕

而同一時期的少數民族政權下，人殉制仍相當盛行。如北方的匈奴，人殉不絕。

蒙古在進入鐵木真（成吉思汗）時代時，其社會形態仍處於奴隸社會，比中原的封建社會要落後多了。1227 年 8 月成吉思汗死後，就有大量活人殉葬。

時馬可‧波羅所聞，成吉思汗死後，「在運送靈柩的途中，護送的人要將途中遇到的所有的人殺死作為殉葬者，並對他們說：「離開現世到陰世去服侍你們駕崩的主人吧。」、「當蒙可汗的屍體運往阿爾泰山時，護送的兵馬沿途殺死了將近兩千人。」

除了這些不幸的殉葬者外，還有四十名生前服侍過成吉思汗的美女，與他生前騎過的戰馬一道，被活活殺掉殉葬。

此後的元朝皇帝死亡後，多少都有活人殉葬。

而朱元璋恢復人殉惡俗可能是受到了蒙古人影響，加上人殉在中原民間並沒有完全絕跡，朱元璋重新祭起人殉，就

有了一種可然。可見，朱元璋的「人性倒退」是有歷史背景的。

## 處死殉葬者的種種恐怖手段

最後，簡單交代一下讓殉葬者結束生命的方式。

可以說，人殉是野蠻的。但在許多情況下，有些人並非被動殉葬，而是主動自殺從死。如為努爾哈赤生殉的四位宮女，就是自願從死，而不像大妃阿巴亥那樣是被逼的。

在早期能為尊者殉葬是一種待遇和榮耀，所以主動殉葬結束生命的方式很簡單，是自殺；被動殉葬者結束生命的方式自然就是他殺了。

但他殺的手段卻不會是一種，而且都是秘密處死。

現在古籍上明確有記載的處決殉人的手段，見於朱棣死後，採取「吊死」殉葬者的方法。這在上文已有詳細文字了，這裏就不多說了。

有一點是，在吊死前，主事者都會給殉葬者安排一頓美食，身分高者單獨送到房間，身分低的一般集中一塊，集體聚餐。這「最後的晚餐」相當豐富，但由於即將到來的死亡的恐懼，恐怕誰也無心食用的，多半情況是淚流滿面，現場哭聲震天，史書記載朱棣的殉葬者即如此。

除了逼其吊死，將殉葬者「毒死」，也是常見的手段。

朱元璋的殉葬宮妃是怎麼處死的，有人說是太監將她們吊死的。但民間另有說法，其中一種說法是給被選定宮妃強行灌食水銀。水銀劇毒，食後立刻即死。

為什麼使用水銀？據說被水銀毒死的殉葬者，其屍體長久不腐，多年內仍栩栩如生。屍體不腐現象，在中國盜墓野史上多有記載。如漢宣帝時廣川王劉去，是一個盜墓成性的惡人。有一次去盜掘幽公塚，打開墓室後發現，墓內有一百多具屍體，互相枕壓疊加在一起，但奇怪的是沒有一具腐爛。

可以推測，這些女人都是殉葬者，歷幾百年屍體不腐。此事記載於晉人葛洪撰編的《西京雜記》，殉葬者的樣子與被水銀毒死的說法頗相似。

還有一種是「活埋」，將殉葬者手腳捆住，擺成一定姿勢（造型），隨即快速埋土。

為了讓殉葬者失去反抗能力，有時會使用麻醉劑一類的東西，讓其「安樂死」。在考古發掘中發現，有的殉葬女性四肢存在被繩索捆綁的痕跡，這應該是當時被強行殉葬的。

有的殉葬女人屈肢側身，臉朝男性，則是死後（也可能未死）被擺弄成的姿態，是一種造型，自然死亡者是不可能有那種「規定動作」的。1987年發現的河南濮陽西水坡四十五號墓，墓主為一身高約一百八十四公分的壯年男子，仰身直肢葬，頭南足北。墓室的東、西、北三個不同方向有三個龕室，內各有一具小孩的屍骨，朝向不一。

這三個小孩，專家認為就是殉葬，被活活弄死後擺出形狀的。

當然，結束殉葬者生命的方式很多，最直接，也是最省事的手段當是「砍頭」，直接將殉葬者帶到墓地，就此弄死。但這種手段為後世棄用，原因是，不能保留全屍體。後世講究全屍，獵殺方式就不會是砍頭了，直接將其放血刺死。

所以，砍頭多在早期或人牲中使用，在奴隸社會奴隸主墓穴考古中，時常會發現殉葬者的頭被有規則地排列在一起，而屍身則另擺一處，推測生前遭砍頭。

還有一種，古人築墓有用人頭作祭的習俗，在墓穴開挖的不同階段，都會將人頭與豬頭狗頭一樣砍下來，當作「牲」來作祭。

目前考古發掘出的殷墟 M1001 號墓塚，殉葬者超過一百六十四人，與墓主同穴有九十六人。附近有大片祭祀坑內有大量的人體骨架，全部屍首不全，這些殉葬者被結束生命時都應該是砍頭。WKGM1 號墓，墓室內有規則擺放著三十四顆人頭，這些都是殉葬者的頭顱，也應該是遭砍後葬入的。

皇帝老婆死後喪葬秘聞

皇帝的老婆死後怎麼辦喪事？這個問題比較冷，但不少人好奇。實際上，各朝在這方面都有規定，從各朝史書中的「喪禮」紀錄上，都能查到。

這裏以明太祖朱元璋和清乾隆皇帝兩人的皇后的喪事為例，來簡單聊一下。

## 明代喪儀規定禁止民間殺豬

筆者曾在《劉邦與朱元璋的「夫妻生活」揭秘》一文中談到，朱元璋與大腳皇后馬秀英的夫妻感情相當深，在馬皇后生病期間，朱元璋親自端水餵藥什麼的。

朱元璋當皇帝當到第十五個年頭，馬皇后死了。

朱元璋對結髮妻子馬皇后的去世甚為悲傷，連朝政也不理了。馬皇后去世時才五十一歲，在皇家那麼好的條件下，她應該能多活幾年的，但生死難料。

朱元璋的老婆：皇后馬秀英，於洪武十五年秋去世。

朱元璋對自己的喪事都要求從簡，在交代自己的後事時說：「天下臣民，哭臨三日皆釋服，毋妨嫁娶；諸王臨國中，毋至京師。諸不在令中者，推此令從事。」

但在馬皇后死後，朱元璋在給她辦喪事時，採用的規格相當高，當然，這與馬皇后是「國母」有關，但更重要的是朱元璋對馬皇后有深深的感情。

據《明通鑒》記載，馬皇后死後，她喪事的儀式體例大體引用了上朝，即宋朝皇后死後辦喪事的一套：「凡內外百官，仍循以日易月之制，二十七日而除。」

過去講要守孝三年，實際上只有二十七個月，馬皇后的「以日易月」，將守喪期大大縮短為二十七天，但也比朱元璋自己的「三天皆釋服」長出了二十四天。

朱元璋給馬皇后的喪儀都定了哪些規矩？大概有「十六條」。《明會典》的記載如下——

1. 聞喪次日，文武百官素服行奉慰禮。

2. 在京文武百官於聞喪之次日清晨，素服詣右順門外，具喪服入臨，臨畢，素服行奉慰禮，三日而止。

3. 文官一品至三品、武官一品至五品命婦，於聞喪之次日清晨，素服至乾清宮，具喪服入臨行禮，不許用金、珠、銀、翠首飾及施脂粉。喪服用麻布蓋頭、麻布衫、麻布長裙、麻布鞋。

4. 在京文武百官及聽除等官，人給布一匹，自製喪服。

5. 文武官員皆服斬衰，自成服日為始，二十七日而除，仍素服。至百日始服淺淡顏色衣服。

6. 在外文武官喪服，與在京官同。聞訃日於公廳成服，三日而除。命婦喪服與在京命婦同，亦三日而除。

7. 軍民男女皆素服三日。

8. 自聞訃日為始，在京禁屠宰四十九日，在外三日。停音樂祭祀百日，停嫁娶官一百日、軍民一月。

9. 上冊謚祭告太廟。

10. 發引，文武百官具喪服詣朝陽門外奉辭。神主還京，文武百官素服迎於朝陽門外。回宮百官行奉慰禮。

11. 卒哭行祔廟禮。

12. 百日輟朝，祭告几筵殿。百官素服黑角帶，詣中右門行奉慰禮，命婦詣几筵殿祭奠。

13. 凡遇時節及忌日，東宮親王祭几筵殿，及詣陵拜祭。

14. 小祥，上素服烏犀帶，輟朝三日。是日清晨，詣几筵殿行祭奠禮。東宮、親王，詣陵拜祭。京城禁音樂三日，禁屠宰三日。百官前期齋戒，至日素服黑角帶，詣後右門進香，畢，行奉慰禮。是日，外命婦詣几筵殿行進香禮。

15. 東宮、親王熟布練冠九襵，去首絰，負版辟領衰，如朝見上及受百官啟見，青服、烏紗帽黑角帶。皇孫熟布冠七襵，去首絰，負版辟領衰。皇妃、皇太子妃、王妃、公主及皇孫女，熟布蓋頭，去腰絰。宗室、駙馬，服齊衰三年，練冠，去首絰。

16. 大祥，奉安神主於奉先殿，預期齋戒告廟，百官陪禮畢，行奉慰禮。各王國，禁屠宰三日，停音樂三日。

從中可以看出，馬皇后喪事的規矩特別多，而且很細，王公大臣要為馬皇后披麻戴孝，普通老百姓也不能亂來，要求「自聞訃日為始，在京禁屠宰四十九日，在外三日」。

這條規定就是民間所說的，明代皇家發生喪事，老百姓不能殺豬的由來。

「停音樂祭祀百日，停嫁娶官一百日、軍民一月」。還好，不能辦喜事這一條當官的要在一百天後，對普通人家放寬了政策，只要一個月。

皇后死了，王公大臣都要披麻戴孝，這也是古代皇家喪儀的規則，歷代如此。

馬皇后是八月初十病死的，9月葬。而有點神秘的是，在馬皇后下葬的當天，竟然發生了怪異反常的天象。

據明代文學家徐禎卿在《翦勝野聞》一書中紀錄：馬皇后的靈柩準備運往南京東郊的孝陵下葬那天，是狂風驟雨，

閃電雷鳴，天氣極其糟糕。對於九月時節的南京來說，這是十分反常的，搞得朱元璋很不開心，疑神疑鬼的。

《鞏勝野聞》中的原文是這樣寫的：「時太后既崩，臨葬日，大風雨震雷電，太祖甚不樂。」於是，朱元璋讓人找來了和尚宗泐，讓宗泐給馬皇后念經超度一下，以讓她高高興興地歸葬孝陵。宗泐口中念念有詞：「雨降天垂淚，雷鳴地舉哀。西方諸佛子，同送馬如來」。

說也來怪，宗泐胡嚼完了，天也一下子晴了，「頃忽朗霽，遂啟靈輀」。朱元璋龍顏大悅，「詔賜白金百兩。」

在過去，民間死人的人家有條件的會請僧人做道場，皇家遇到這種國母升天的事情，也會有和尚身影的，給死者亡靈超度的規模會更大。如朱元璋這般，在馬皇后下葬時所為，比較少見。


## 清代要求女人不要戴耳環

清高宗弘曆與富察氏也是一對好夫妻，富察氏死後也享受了高規格的喪儀。

清高宗即清朝著名的高壽皇帝——乾隆，富察氏十四歲時嫁給十五歲的他。乾隆十一年（西元 1746 年）三月，富察氏隨乾隆南巡時死於途中，時年三十六歲。

乾隆很是傷心，在大運河的寶船上，寫下痛悼愛妻的挽詩——

恩情廿二載，內治十三年。忽作春風夢，偏於旅岸邊。聖慈深憶孝，宮壺盡欽賢。忍誦關雎什，朱琴已斷弦。夏日冬之夜，歸於縱有期。半生成永訣，一見定何時？棉服驚空設，蘭帷此尚垂。回思想對坐，忍淚惜嬌兒。愁喜惟予共，寒暄無刻忘。絕倫軼巾幗，遺澤感嬪嬙。一女悲何恃，雙男痛早亡。不堪重憶舊，擲筆黯神傷！

富察氏去世當天，向天下公佈了噩訊——

皇后同朕奉皇太后東巡，諸禮已畢，忽在濟南微感寒疾，將息數天，已覺漸愈，誠恐久駐勞眾，重廑聖母之念，勸朕回鑾；朕亦以膚疴已瘥，途次亦可將息，因命車駕還京。今至德州水程，忽遭變故。言念大行皇后乃

乾隆的老婆：皇后富察氏及「皇后之寶」，於乾隆十一年春去世。

皇考恩命作配朕躬，二十二年以來，誠敬皇考，孝奉聖母，事朕盡禮。待下極仁，此亦宮中府中所盡知者。今在舟行，值此事故，永失內佐，痛何忍言！昔古帝王尚有因巡方而殂落在外者，況皇后隨朕事聖母膝下，仙逝於此，亦所愉快。一應典禮，至京舉行。布告天下，咸使聞知。

妻子死了，丈夫一般是不穿孝衣的，但乾隆給富察氏穿了白孝服，還輟朝九日。大臣們自然也要給自己主子老婆的死去而披麻戴孝。

當時，按照總理喪儀王大臣所議「有例不滅，無例不興」原則，定出喪制——

1. 皇帝輟朝九日，仍循以日易月之制，服縞二十七日。
2. 妃嬪、皇子、公主服白布孝服，皇子截髮辮，皇子福晉剪髮。
3. 親王以下，凡有頂戴的滿漢文武大臣一律百日後才准剃頭。
4. 停止嫁娶作樂二十七天。
5. 京中所有軍民，男去冠纓，女去耳環。

　　富察氏喪儀規矩也很多，比明朝更嚴的地方是連頭都不能剃了，後來成為清朝的慣例。但總體規格低於朱元璋妻子馬皇后的喪事標準，沒有達到真正的「國喪」級別。

　　據說，責辦喪事的總理喪儀大臣，擔心乾隆不高興，決定向明朝「援引宋例」的方式學習，效仿明例，放棄本朝《會典》，而援引《大明會典》所載皇后喪儀，聯銜奏請外省一律照京師治喪。

　　乾隆很快同意了。於是各省文武官員從奉到諭旨之日為始：

　　　1. 摘除冠上的紅纓。

　　　2. 齊集公所，哭臨三日。

　　　3. 百日內不准剃頭。

　　　4. 持服穿孝的二十七天內，停止音樂、嫁娶。

　　　5. 一般軍民，則摘冠纓七日，在此期間，亦不嫁娶，不作樂。

　　從上面兩例可以看出，皇帝的老婆死了，與民間一樣，也是當成一件天大的事情來辦的，但喪儀的規格十分嚴密。

　　一般情況下，皇帝的老婆死了，皇帝本人都會十分重視的，就是夫妻情感不是太好的，也會隆重操作。雖然死人已

不知道了，但可以安慰活人，辦給活人看的，以顯自己對皇后深厚的感情和皇家禮儀之威。如果夫妻之間感情如朱元璋馬秀英這般恩愛的，自然會更多一番規矩！

帝王長相與明太祖真容疑雲

皇帝的臉是龍顏。所以，即使是近臣沒有朕的話「抬起頭來」，是不能隨便看的。其實，這是古代帝王彰顯高高在上的天子權威、神化自己的一種謀略和手段。

　　在國外，也是這樣。如非洲有一個叫盧安戈的王國，當年國王就不能隨便讓外人看見，即便是狗啊貓啊這些身邊的寵物闖進來，也要處死。甚至國王自己的孩子也不能倖免。有一名才十二歲的王子，便因為無意中看見父王在喝酒，遭到砍殺，被剁成幾段示眾。雖然國王所為，可能是因為一種迷信或巫術，但根本上還是為了保持王權的神秘色彩。

## 帝王相貌引起的歷史爭議

　　因為皇帝的臉兒不能隨便看，就容易弄出「相貌問題」，在中國歷史上，這樣的問題尤其多，有的至今爭論不休。

　　如秦始皇嬴政到底長得什麼樣子，史學界爭議頗大。《史記‧秦始皇本紀》（卷6）記載：「秦王為人，蜂準，長目，摯鳥膺，豺聲，少恩而虎狼心，居約易出人下，得志亦輕食人。」

　　「準」，即古代相書中所言的鼻子，從記載中看，嬴政鼻梁並不完美，有缺陷，眼睛細長，說話聲音怪異，是一個五官比例不協調，相貌醜陋的雞胸男人。有人因此戲言，中國封建社會的第一位皇帝，是帝王中的第一醜。

　　但北宋李昉等人主編的《太平御覽》中記載又有所不同，稱嬴政是「虎口」、「日角」、「隆鼻」、「大目」，這樣說來他又是高鼻梁，大眼睛，相貌堂堂的帥哥級男人了。

　　因偶然的原因，筆者多年前曾跟著鄉下的算命先生作過一段時間的調查，粗知唐舉、皇甫玉、袁天罡諸史上相術名流的故事。有三種骨相之人可貴為帝王，一是「朝天伏羲骨」，二是「日月龍虎骨」，三是「擎天玉柱骨」。

　　這其實是古代算命先生的玄虛之說，如「朝天伏羲骨」，顧名思義，是中華傳統文化東方大帝的伏羲氏長相。被算命先生一神化就是「奇骨貫頂」，開國帝王的長相。現實有這樣面相的人很多，就是方面大耳型，毛澤東自嘲的「大中華臉」應該是此類型（這麼一聯繫也真有點意思）。

　　從中國古代傳統的面相原理來看，「虎口」之人與「龍口」之人均為帝王相：「虎口闊大有收拾，須知此口必容拳，若然不貴且大富，積玉堆金樂自然。」可見，嬴政的相貌不是醜，而是奇，貴不可言。

　　另一個與秦始皇一樣，給後世留下嚴重「相貌疑雲」的帝王是明太祖朱元璋。有史學家稱他是下巴奇長、耳朵肥大、滿臉麻點的醜陋、猥瑣男人，朱元璋才算是中國帝王中的第一醜；但有的人稱朱元璋是五官超格、相貌超俗，乃大富大貴的罕見帝王之相。

## 朱元璋畫像造假的民間傳說

朱元璋流傳在世的畫像版本眾多，目前外界能見到的畫像主要集中於這兩類：一醜一俊，即帥哥朱元璋與醜男朱元璋。

到底哪種版本才是朱元璋的真實面貌？這也是一個歷史謎團。

筆者手裏收集到了可能是迄今最全的朱元璋畫像，既有宮廷的，也有民間的，版本達十六種之多（本書僅展示七種），有的相貌很滑稽，十分新鮮。其中，有不少是筆者從南京明孝陵博物館藏品中看到的。

過去給帝王畫像，就像現在國家領導人有專門的攝影師一樣，也有御用畫師。民間有一個流傳極廣的朱元璋畫像故事：說是朱元璋稱帝後遍召丹青高手給自己畫像。第一個進宮的畫師十分認真，把像畫得維妙維肖，栩栩如生，和真人

圖一：朱元璋民間畫像 圖二：朱元璋民間畫像 圖三：朱元璋民間畫像

一樣。朱元璋看到自己醜陋的形象，頓時大怒，把畫師推出去斬了。

第二個吸取了教訓，自作聰明，把朱元璋畫成美男，一表人材，五官端正，相貌堂堂。朱元璋一看這哪是自己啊，明明是在忽悠他，自然畫師難逃一死。

第三個是聰明人，揣摩出了朱元璋的心思，追求「神似」：臉型描摹得與真人差不多，其他部位跟著感覺走，就如現在影樓給新郎新娘拍婚紗照，處理得模棱兩可，說是也是，說不是也不是。結果朱元璋看到自己滿臉仁慈，一副帝王之相，龍顏大悅。不用說，畫師獲賞，免予一死，被放回了家。

這段「民間故事」真偽成為歷史之謎。不過，裏面透露出一個資訊，朱元璋的相貌確實異於常人，可能與秦始皇一樣，是不合比例，五官失調。「愛美」之心人皆有之，何況講究威儀的帝王朱元璋！所以朱元璋暗示畫師造假的可能是存在的。

## 朱元璋或醜或美的歷史成因

以上傳說也說明一個問題，朱元璋對自己的畫像要求極其嚴格，絕不允許不滿意的作品流出。

既然如此，民間為什麼會有這麼多版本流傳下來？

有一種原因不可忽視，就是朱元璋殺人如麻，除了殘害忠良，還得罪了不少文人，文人懷恨在心而藉此洩恨，於是根據傳說中的描述，故意誇張其面部缺點，醜化朱元璋，把本來相貌就一般的皇帝畫得更加糟糕了。

但這理由並不很確實，因為朱元璋是漢人，是他趕走掘陵盜墓，姦婦淫女，無惡不作的外族，推翻了給民間帶來無盡痛苦的元朝，至少老百姓應該很尊敬他的，怎麼可能允許這種醜化大救星式領導人的畫像流傳下來？再說，明朝的典章是很嚴厲的，當年到朱元璋孝陵前割豬草都可能被逮起來的，這種畫放在家裏，那該是什麼罪？別說畫，想都不敢想！

問題只有一個，就是後人，特別是清人所為。

自 1368 年朱元璋在應天（南京）稱帝，到 1644 年李自成的農民起義軍攻破北京城，明思宗朱由檢煤山被逼上吊自縊，歷 277 年的大明王朝結束，清王朝開始了。清王朝是滿族人的政權，1636 年清太宗皇太極將後金政權易名而來。

1644 年清世祖福臨趕走李自成，遷都北京後，清朝在好幾個時期或輕或重，有步驟地開始「篡改運動」。為了統治的需要，甚至連《明太祖實錄》這些書，都安排文人「修飾」，從文字上醜化前朝，歌頌大清萬年江山。

可以想見，在這種背景下，本來民間就傳說相貌怪異醜陋的朱元璋，就很難逃脫被「惡搞」的結局了。一個王朝都

倒下了，開國皇帝能不被嘲弄嗎？

## 朱元璋真相應該是這樣的

從目前來看，除了一兩幅外，絕大部分版本都是明亡以後民間所繪，有的版本極不嚴謹，如把朱元璋的皇冠繪成了秦漢制式（見圖四），和秦始皇、漢武帝戴的是一樣的，顯然是一幅搞笑畫作。

還有將朱元璋的下巴畫得大如饅頭，從生理角度講，這是不可能的，除非得怪病。如果這種長著奇怪下巴的畫像真是明時之作，那只有一種解釋，就是當時確實把朱元璋的奇異相貌當成帝王奇相來理解了；或是朝廷有意授權畫師，通過障眼法來愚弄臣民。

從歷史上看，在出生、相貌上故弄玄虛，

圖四：朱元璋民間畫像

也確是帝王美化自己的一個常用小把戲。如《明實錄》記載，朱元璋是晚上出生的，生下後紅光滿地，房裏異常發亮，鄰居以為朱家失火了。實際上這怎麼可能呢，說紅色滿地倒是真的，因為其母生他時大出血了。

還有，朱元璋與哥哥葬父時說是遇到暴雨，於是放下包裹在蘆席裏的父屍，進廟裏躲雨，結果雨停了，奇事也出現了，屍體所在地方自起墳頭，於是就傳出了朱元璋葬父葬到出真龍天子的風水寶地上了。

圖五：朱元璋宮廷畫像

朱元璋稱帝後專門在鳳陽的「中都」修築了皇陵，將父母的連棺材也買不起的土墳頭，改建成帝王陵，至今尚存。所以，不排除後世或朱元璋本人有意為大明開國皇帝，從相貌上尋找天意的可能。

民間一直認為，朱元璋患過天花而不死，留下了一

圖六：朱元璋宮廷畫像
（「標準像」，中年）

副麻臉，加上他的下巴可能稍長，額骨稍凸，時人可能覺得太醜了，御用文人則正好附會說這是帝王奇相：「下輔學堂地閣朝，承漿俱滿是官僚。如教中輔來相應，必坐樞庭佐舜堯。」一般地閣（下巴）飽滿就是官相之人，而朱元璋地閣雄奇，妙不可言，貴不可測，自然是帝王的好命了，相貌異於常人。

文人美飾帝王在歷代都這樣，翻開二十四史，每個帝王在文人的筆下都是天子相。如上文曾提到的漢高祖劉邦，本來就高鼻梁長鬍鬚之男子，但《漢書‧高帝紀》稱，「高祖為人，隆準而龍顏，美鬚髯，左股有七十二黑子。」連身上的黑痣都成了貴處。

面對朱元璋一臉仁慈、那張現保存於北京故宮，並為南京閱江樓等多個明朝景點懸掛的「標準像」（見圖六），有不少人覺得與真人不相符，是假的，相信長著怪異下巴的畫像與真人最接近。

圖七：朱元璋宮廷畫像
（「標準像」，老年）

朱元璋到底長得怎麼樣，醜不醜，現在誰也說不清，成了一段歷史疑雲。但我推測是不會醜到哪裡的，不然在濠州起事的土財主郭子興，怎麼可能把義女馬秀英嫁給一個要錢沒錢要長相沒長相的窮和尚？

　　再說，相貌會遺傳的，朱元璋生有朱標、朱棣等二十四個兒子，這麼多「龍種」當中為什麼沒有一個人肥耳、大下巴，與他長得相似？從明諸帝的畫像來看，均無此長相啊，相反都與朱元璋的標準像差不多。

　　所以說，真實的朱元璋與標準像不會差得太遠。有朝一日，如果朱元璋的陵寢孝陵地宮被打開了，找到其遺骨，用現代電腦三維復原技術處理一下，真相就會大白了，一切OK！

朱棣與四個女人的混亂關係

朱棣是個有故事的人。他的生母之謎，忽悠世人六百年，也爭論了六百年。

　　多少年來，有幾種聲音在史學界一直沒有斷過——第一種聲音，朱元璋是朱棣他爹，馬皇后是朱棣他媽；第二種聲音，朱元璋是朱棣他爹，馬皇后不是朱棣他媽；再一種聲音，朱元璋不是朱棣他爹，馬皇后也不是朱棣他媽，朱棣爹媽都是蒙古人。

　　朱棣的生母到底是誰？這裏就來聊聊這個百談不厭卻都無突破的老話題，讓讀者瞭解一下爭議背後的真相。

　　近來筆者翻閱了一下相關史書，質疑朱棣為「妃生」而非「后生」，即是庶出而非嫡出的最有力的文字證明，集中地指向《南京太常寺志》一書。書中所載孝陵神位：「左一位淑妃李氏生懿文太子、秦湣王、晉恭王，右一位妃生成祖文皇帝，是皆享於陵殿，掌於祠官，三百年來未之

朱棣宮廷畫像

有改者。」

就是這句話，朱棣的生母之謎橫生。

《南京太常寺志》說得對嗎？如果對，為什麼朱棣本人不承認這種事實？綜合相關史料，筆者發現朱棣的生母到底是誰確實複雜，但總離不開這樣「四個女人」：

1‧朱元璋的髮妻馬秀英。

2‧高麗（今朝鮮）女子妃李氏。

3‧元順帝妃洪吉喇氏。

4‧蒙古女子翁氏。

她們與朱棣之間的關係都是一種說不清道不明的關係。那麼，這四個女人中，到底誰才是朱棣的真命母后？

## 第一個媽媽：皇后馬秀英

稱朱棣的母親為馬皇后，最為廣泛。

在清人朱好陽編纂的《歷代陵寢備考》中有記載，「后生懿文太子、秦王樉、晉王桐、成祖周王」。這裏說得十分清楚了，朱棣為朱元璋與馬皇后所生的第四個兒子。

這一說法，來源於明朝當時的史書，如《太祖實錄》、《太宗實錄》、《靖難事跡》、《玉牒》等。《靖難事蹟》中有相同的文字：「高皇后生五子，長懿文皇太子，次秦潛王樉，次晉恭王桐，次上，次周定王。」朱棣更是親口說過，他的母親

是皇后馬秀英，「每自稱曰：『朕高皇后第四子也』」。

　　但也有秘史稱，馬皇后根本就沒有生育能力，一世無子，正史上記載的包括太子朱標、燕王四子朱棣在內，幾個兒子都是別人所生。馬皇后採用了過去皇家最慣常的手法，把別的妃子所生育的孩子據為己出，是一齣明版「狸貓換太子」。

　　這種說法，為朱棣的生母之謎平添了一份神秘。

## 第二個媽媽：朝鮮女子李氏

　　稱李氏為朱棣生母，不少人很相信，認為證據很充分。

　　《南京太常寺志》有這樣的文字：「孝陵祀太祖高皇帝、高皇后馬氏。左一位淑妃李氏，生懿文太子、秦潛王、晉恭王；左二位皇妃，生楚王、魯王、代王、郢王、齊王、蜀王、谷王、唐王、伊王、潭王；左三位皇貴妃，生湘獻王、肅王、韓王、沈王；左四位皇貴人，生遼王；左五位皇人，生甯王、安王；右一位碩妃，生成祖文皇帝。」

　　太常寺為皇家機構，《南京太常寺志》自然算是皇家文字，其記載應該有很高的真實性和可信度。

　　明人沈玄華在《敬禮南都奉先殿紀事十四韻》中有：「眾妃位東序，一妃獨在西。成祖重所生，嬪德莫敢齊。」因此，包括當代著名歷史學家吳晗先生在內，都深信朱棣的生母為

「碩妃」李氏。

碩妃，為高麗（現在的朝鮮）選送給朱元璋的女子。此說法見民國學者陳作霖《養和軒隨筆》：「予幼時遊城南大報恩寺，見正門內，大殿封閉不開。問諸父老，云：『此成祖生母碩妃殿也。妃本高麗人，生燕王，高后（馬皇后）養為己子。遂賜（碩妃）死，有鐵裙之刑，故永樂間建寺塔以報母恩。』與史志所載皆不合，疑為讕言。後閱朱竹垞跋《南京太常寺志》，云：『長陵系碩妃所生』。復見談遷《棗林雜俎》，述：『孝慈高皇后無子，即懿文太子（朱標）及秦、晉二王，亦李淑妃產也。乃僅齊東之語，不盡無稽也。』」

朱元璋處死李氏，是因為朱棣。當時李氏尚未到預產期，朱棣便急急出生了，是個早產兒。朱元璋遂懷疑李氏與人私通，給自己戴了綠帽子，龍顏大怒，賜碩妃「鐵裙」之刑。這樣，碩妃活活給折磨死了。

朱棣知道自己的生身之事，在皇袍加身後，於永樂十年，即西元 1412 年在南京重建大報恩寺塔，以報答生母碩妃。但這些記載都是後人所寫，真實性無人能保證。

與馬皇后「狸貓換太子」手法如出一轍，朱棣也來了一個障眼法，建塔的名義「以報答朱元璋和馬皇后的養育之恩」。在當時，大報恩寺塔常年大門緊閉的，屬「禁地」，以保守這個驚天秘密。有人悄悄進去過，發現裏面供奉的真是碩妃像。

但事實上朝鮮向中國稱臣送貢女是在 1365 年，而史學上明確記載，朱棣生於 1360 年，其時朱棣已 5 歲了，難道朱棣是她從朝鮮帶來的？顯然是不可能的，根據這種推測，朱棣生母是李氏的說法也不合理。

## 第三個媽媽：元順帝妃洪吉喇氏

這個說法，可上溯到朱元璋沒有稱帝前。

在至正年間，朱元璋跟隨郭子興起兵反元，郭子興病死後，朱元璋取而代之，南征北伐，先占領集慶（現在的南京），後又攻下大都（現在北京）。元順帝見大勢已去，遂棄大都，退守蒙古。朱元璋入城後親臨元順帝後宮，看到落難人群裏有一位美女，姿容嬌美、眉目含情，頓時引起朱元璋的注意，遂收她為妃子。

這個女子即元順帝的第三位妃子格勒德哈屯，她是元順帝洪吉喇托太師的女兒。

故事到此複雜了：早在朱元璋攻占北京之前，洪吉喇氏已懷孕七個月，元順帝出逃時，不方便帶上，讓朱元璋白

宮女（壁畫）

白地撿了一個女人和一個兒子。兩個月後，洪吉喇氏生下一個男小子，此即朱棣。

據說，當時朱元璋心中知道此子非己子，並不想認這個兒子，但看到朱棣相貌不凡，朱元璋就喜歡上了。況且，說自己的後宮女人生了其他男人的孩子，傳出去可是一樁天大的皇家醜聞，朱元璋也不得不認下這個兒子。

民間對這種說法傳得神乎其神的，而朱棣與其他幾個兄弟相貌長得確實不一樣，一點也不像麻臉朱元璋（朱元璋相貌疑雲，見上篇），這也加大了這種猜疑，民間據此稱朱棣是蒙古人。但史上記載，大都失守是至正二十八年，即西元1368年，而朱棣生於至正二十年，即1360年，時間相差七八年呢。因此，這種說法也最不合理，朱棣生前也從未承認過。

之所以出現這種情況，是民間在罵朱元璋和朱棣。前者殺人如麻，不仁；後者則是非法當上皇帝的，用今天的話來說，是通過軍事政變上台的，不孝。

## 第四個媽媽：蒙古女子翁氏

與洪吉喇氏一樣，翁氏也是蒙古女子，也是元順帝的妃子。但民間之所以還有翁氏一說，可能是「洪」、「翁」譯音上的相似而以訛傳訛。這裏就先姑且算翁氏是第四個媽媽吧。

劉獻廷所著《廣陽雜記》稱：「明成祖，非馬后子也。其

母翁氏，蒙古人。以其為元順帝之妃，故隱其事。宮中別有廟，藏神主，世世祀之，不關宗伯，有司禮太監為彭恭庵言之。余少，每聞燕之故老為此說，今始信焉。」

用大白話來說，就是朱棣不是馬皇后生的兒子，他的母親是蒙古人翁氏，因為曾是元順帝的妃子，所以史書上不方便提這事。但朱棣沒有忘記這位蒙古生母，而是在宮中另外建廟，供奉她的牌位，讓世世代代紀念她。

劉獻廷為清朝人，他的文字，就如筆者現在這文字一樣，僅是自己的觀點。況且，他的依據是來源於北京一帶的坊間傳言（「每聞燕之故老為此說」），而且是小時候聽說的，你說這能相信嗎？

另有一說，出自民國學者王謇的《孤廬雜綴》。書中記載：「往余幼從吳夢輒師恩同遊，師告余曰：『克金陵時，官軍得明成祖御碣於報恩寺塔座下，其文略謂：成祖生母為翁吉剌氏，翁故為元順帝宮人。生成祖，距入明宮僅六月耳。明制：宮人入宮，七月內生子者，需受極刑。馬后仁慈，遂詔翁以成祖為馬后所生。實則成祖生日，距懿文太子之生，僅十月稍強也。翁自是遂抑鬱而歿，易簀前，以己之畫像一幀，授成祖乳母，且告以詳，命於成祖成年就國後告之。成祖封燕王，乳母如命相告。於是，成祖始知己之來歷，乃投袂奮起，而靖難之變作矣！』」

王謇所記也是「聽來的」，老師是聽曾國藩的幕僚馮桂芬

說的。這麼「據說」顯然不足為憑。

## 朱棣的身世為何這麼亂

朱棣的生母到底是誰？現在的情況來看，馬皇后和碩妃李氏最有可能。

那比較一下馬、李二人，朱棣還應該是馬皇后所生，因為碩妃的情況與洪吉喇氏、翁氏一樣，在時間上有破綻，生育時間與朱棣的年齡對不上號的。

但有人提出反對，說是在朱棣沒有奪位之前，他是妃生的沒有人提出異議。但在他通過政變取得皇位後，情況變了。篡位本來就是一件大逆不道之事，如果自己是妃生子，那就等於承認是庶出，而不是馬皇后生嫡出。

在有嫡子的情況下，庶子是沒有資格承繼大位的，即皇位實行嫡長子繼承制。所以，朱棣為掩人耳目，把自己標為嫡出，以證明自己的資格是可以當皇帝的，就授意史官，有意將事情搞混，以掩人耳目。

為什麼民間會有那麼多傳言，朱棣是元順帝之妃所生？這與當時他篡位有直接關係，當時他的行為是不得人心的，說是元妃所生，不就是罵他不是漢人的種嗎？！

在民國時期即有多名學者考證過，明史中有不少文字都改動過，與史實不符。特別是，稱朱棣為馬皇后所生的官方

記載，都被做過手腳了。本來應該是最權威的《明史》等典籍，是清人萬斯同編纂，他也給明史「抹黑」，好多東西都被改得面目全非，以討好清廷，但這給後代史學研究帶來了極大的困難，留下許多歷史懸念。

目前史學家認定朱棣為庶出的唯一「官方檔」，也是最權威紀錄，來源於明代《南京太常寺志》。但據考證，這書也被人做過手腳了，據說「槍手」是康熙三十九年（1700年）的進士、清朝保和殿大學士張廷玉。

孝陵內碩妃的牌位為什麼「獨向西」，有兩種說法，一是朱棣和朱允炆這對叔侄在爭奪皇位的「靖難之役」中弄亂的，二是朱彝尊《靜志居詩話》所說：明南都太廟，嘉靖中為雷火所焚，嘉靖年間，孝陵前的供殿讓雷擊中，發生火災，在神位重新擺放，有可能弄錯了。

不過，順便說一句，朱元璋名下有一二十個兒子，都稱是他本人的「作品」。對此，筆者表示懷疑。

據說朱元璋有占人妻室的愛好，以顯自己是男人，有能耐。除了把元順帝的妃子搞進自己的皇宮，在打敗老對手陳友諒時，也將其妻闍氏納為妃子。闍氏當時已有身孕，不久就生了一個陳友諒的遺腹子，朱元璋一直當作自己的兒子，還將他封在長沙，為潭王。

史學家稱這是以訛傳訛，與朱棣生父是元順帝的說法一樣無稽。但無風不起浪，裏面肯定有故事。

# 第二篇

# 揭密皇陵的風水堪輿玄機

中國古人挺講究風水的，堪輿術中有一個核心的概念——「氣」。

「氣」是什麼？這可是堪輿術上一個挺玄乎的東西。如果借用中國古代堪輿術的概念來描述，「氣」就是一種存在，是萬物之源，包括人，都是由氣形成的。即，父親的乾陽之精氣，與母親的坤陰之血氣，精、血二氣相交融，才誕生了人，此即《莊子》中所謂「人之生，氣之聚也」。而人為什麼會死，則是「氣」散所致，「聚則為生，散則為死」，此就是大家常掛嘴邊的話，「人活一口氣」。

「氣」分生氣和死氣兩種，顯陰、陽之別，有金、木、水、火、土五類屬性。風水寶地就是有生氣之地，得生氣的地穴才是活穴，能蔭及子孫，是可保江山社稷不倒的龍興之處。這也是古人，甚至今人都會花大功夫大把錢，請堪輿師（民間俗稱「風水先生」）尋找風水寶地的主要原因。

## 朱元璋葬父時出現怪異天象

朱元璋，為什麼能開創大明王朝，當上皇帝，朱氏有277年帝王家曆，民間傳說是因為他祖墳葬得好，父母埋到一塊風水寶地上，恰巧這裏有王氣，是真龍結穴之處。

明「吳中四才子」之一的徐禎卿所著《翦勝野聞》記載：

位於安徽鳳陽的明皇陵

> 帝（朱元璋）父母兄弟相繼死，貧不能具棺，與仲兄謀草葬山中，途次便斷，仲返計，留帝視屍。忽風雨，天大晦，比明視之，則土裂屍陷，已成墳。

這段記載在中國民間廣為流傳，就是說朱元璋放下扁擔的「土裂屍陷」地方，正好處於龍脈上。因為是塊難得的風水寶地，結果「平地起墳」，朱家子孫有了帝王命，從此風流三百年。西元 1644 年滅亡了，則是帝王之氣不存，龍脈受傷之故。

關於朱元璋葬父葬到了風水寶地上還有一個民間傳說，當時朱父「屍陷地裂」，得以平地墳。雨過天晴，朱元璋急急跑出躲雨的寺廟，到原地一看壞了，父親的屍體沒有了，感到十分迷惑，便將頭枕在抬屍的扁擔上四肢拉開，仰天長

歎，等二哥趕回來商量怎麼辦。

一個老和尚恰好走過，覺得驚奇：扁擔與朱元璋的身體正好構成了一個「天」。不一會兒，朱元璋又側身翻轉，這更不得了了，又成了一個「子」。「天子」現世，此人必貴。果然不出老和尚所言，朱元璋後來當了大明皇帝。

## 現代學者吳晗解釋「平地起墳」現象

吳晗著《朱元璋傳》則將上述「野聞」又進行了創作，意在解釋「平地起墳」的迷信現象：

> 突然間風雨交加，雷轟電閃，整個天像塌下來似的，兩兄弟躲在樹下發抖。約夠一頓飯時，雨過天晴，到山坡下一看，大吃一驚，屍首不見了，原來山坡土鬆，一陣山洪把坡上的土沖塌了，恰好埋了屍首。

吳晗是明史專家，他是「無產階級學者」，可能知道野聞是附會之說，不合毛澤東的無神論思想，才弄出了「山洪說」。雖然合理卻不合情，反而不如徐禎卿的記述有趣。

實際上還是朱元璋本人客觀，自己把民間傳說給否定了。朱元璋父親朱五四（朱世珍）死後不到十天，其母親又死了，接著哥、嫂、侄倒地。《明史·太祖本紀》記載：

至正四年，旱蝗，大饑疫，太祖年十七，父母兄相繼歿，貧不克葬。里人劉繼祖與之地，乃克葬，即鳳陽陵也。

可見，朱元璋父母那塊風水寶地不是巧遇，而是鄉紳劉繼祖看他可憐，動了惻隱之心，看在鄉里鄉親的面子上，送給朱家的，也非「天葬」。因為這件事，朱元璋稱帝後不忘記恩人，雖然劉繼祖已死了，仍給他當了官，特下詔追封他為「義惠侯」，以示感激。

## 晉郭璞釋祖墳葬風水寶地子孫發跡現象

一塊風水寶地真有那麼神奇？神奇到可以讓家貧如洗、被迫去當和尚的朱元璋得到萬年江山？一下發跡？古代堪輿術認為，其作用是通過「氣」來完成的。

中國古代風水鼻祖、晉代大學者、山西人郭璞（西元276—324 年），在其所著的《葬書》中，闡述了感應原理和作用關係。

《葬書》中稱：

葬者，乘生氣也。夫陰陽之氣，噫而為風，升而為雲，降而為雨。行乎地中而為生氣，發而生乎萬物。人

受體於父母，本骸得氣，遺體受蔭。蓋生者，氣之聚凝，結者成骨，死而獨留，故葬者，反氣入內，以蔭所生之法也。經曰：氣感而應鬼福及人，是以銅山西崩，靈鐘東應，木華於春，粟芽於室。氣行乎地中，其行也，因地之勢；其聚也，因勢之止，古人聚之使不散。行之使有止。

這段話也是中國古代堪輿術的理論基本，字面晦澀難懂。其實，大家也沒有必要弄得全明白，知道個大概意思也就足夠了：就是埋葬要選擇有生氣的地方，即所謂風水寶地，有生氣才有萬物。

人是氣的產物，人體骨骼就是氣凝結而成的。人死了，氣也散了，僅留下了一副失去生機的屍骨。如果屍骨埋葬在有生氣的地方，就會枯骨逢春，靈魂得到昇華。所有的人都是父母所生，就如一棵大樹，父母是「本」是樹幹，子孫則是父母在世間的「樹枝」。父母的屍骨在地下得到了生氣，「本」就會生機盎然，與「本」一脈相連的「枝」也會大大受益，枝繁葉茂，福澤綿長。

## 漢東方朔釋「靈鐘」自鳴現象

為了證明自己的觀點，郭璞在說理中拿「銅山西崩，靈

鐘東應」的故事為論據。漢武帝劉徹當政時，未央宮殿前懸著的一口大銅鐘出現異象，無故自鳴。劉徹趕緊派人找來上知天文下知地理的東方朔問問原因。

《漢書·東方朔傳》記載，「（東方朔）：臣聞銅者，山之子；山者，銅之母。子母相感，鐘鳴，山必有應者。」東方朔（西元前 154—前 93 年）是西漢早期的辭賦家，很有學問，通過自薦為劉徹賞識從而走上仕途，先後當過常侍郎、太中大夫等職。

東方朔有點像後世清朝的紀曉嵐，詼諧敏捷，擅察言觀色，常在劉徹面前談笑取樂。他的「天地感應」之說吹得與郭璞的堪輿基理一樣，天衣無縫：銅鐘是山的兒子，山是銅鐘的母親，母子連心，所以銅山崩裂了，鐘自然響了。

三天後，東方朔的話果然應驗了：「居三日，南郡太守上書言山崩，延袤二十餘丈。」

## 迷信「感應說」行洗骨葬

這裏插一句，因為有「感應」一說的存在，過去民間還有一種「洗骨葬」。如果家人生病了，或家中出災禍，會認為是已死去先人惹的禍，風水不吉，屍骨不淨。於是要將墳重新挖開，把屍骨取出，用清水洗刷乾淨，越白越好，名為「除祟」，再重新擇吉地入葬。

這種葬法過去有不少地方都有，如浙江開化。據清乾隆年間《開化府志》記載，當地的普馬族人在家裏死人後，會首先埋在家裏，每天用開水往上面澆，等到屍體腐爛了再取出來，刮去腐肉，洗淨骨頭，用綢緞包好。然後圍著白骨跳舞，收藏在家裏三年之後才擇地下葬。如果家裏有人生病，又會把骨頭取出來，說是附上了鬼怪，得再洗一下。

在貴州地區的苗族人中間以前也有這種葬法，名為「洗骨苗」。這種怪異葬法的存在，就是郭璞在《葬書》所闡述的感應原理，「蓋生者，氣之聚凝，結者成骨」，「氣感而應鬼福及人」。

## 帝王下葬要「尋龍」「點穴」

風水寶地找好了，即「尋龍」成功了，取穴下葬也還有講究，要「點穴」，否則同樣影響子孫發達。「尋龍」看山勢，「點穴」看地形，龍主形，穴主氣。穴是什麼？就是陵墓置放棺槨的地方，帝王陵寢中叫地宮。

有龍必有穴，如果因為築穴而破了地氣，那這風水寶地不是白選了嗎？因而墓穴的朝向、深淺、下葬時辰、動靜都有說法，講究什麼藏風聚氣、前呼後應，要交合分明，左右相濟，即所謂的左輔「青龍入海」，右弼「白虎馴頰」；前「朱雀起舞」，後「玄武垂首」。這些「青龍」、「白虎」、「朱

雀」、「玄武」什麼的，都是古代堪輿術上的術語，是山勢地形與周邊環境的特徵概括。大家知道這麼回事就行了，如果要弄清，那可太複雜了，沒有必要。

　　古人認為，生氣和死氣是辯證的關係，同時存在，僅因時序和方位的不同而有異。疑後人假託黃帝之名而作的《黃帝葬經》稱：

　　　正月，生氣在子癸，死氣在午丁；二月，生氣在醜艮，死氣在未坤……

因為這個原因，過去風水師都隨身帶有測定方位和時序

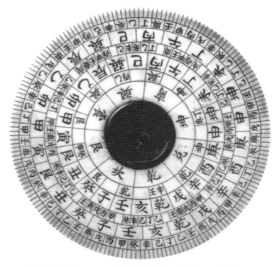

羅盤樣式一，古代堪輿師必備工具之一

用的羅盤，就如現代商務人士的手提電腦一樣，是堪輿必備工具，通過羅盤可測知龍脈走向和生氣強弱。如果葬到了壞方位壞時刻就糟糕了，「凡葬不得吉氣，即陷子孫貧賤衰絕」，所以「葬地者可無慎乎」，不能不重視。

## 「葬壓龍角，其棺必斫」

有一個民間傳說很有意思，武則天當政時官至侍中的郝處俊，死後遭到掘墓開棺之嚴懲，據說就是葬的方位出了問題。郝處俊下葬後，當時有懂風水的人走過郝的墓地，看罷歎稱，「葬壓龍角，其棺必斫」。

後來郝的子孫犯事，株連九族，郝在地下難逃禍害，果然武則天派去的人把他的墳給挖了，棺材撬開砸了。

## 陵墓高大封土防止「洩氣」

歷朝歷代的帝王為了選得一塊可以蔭及子孫，保全國運的風水寶地，不惜花費巨資，並當成國是商議。

從秦始皇嬴政，到漢高祖劉邦、唐太宗李世民、宋太祖趙匡胤，再到明太祖朱元璋、清世祖福臨，無不重視壽宮（陵寢）的選址問題。下葬後，也不能大意，要注意保護地氣和龍脈，封以厚土，圓堆「藏金」，不致洩氣，這也是後來陵墓都有高大封土的原因之一。

　　因為這個道理，中國古代出現了挖人祖墳、斷人龍脈的事件多不勝數，故意使壞。而盜墓之所以被世人視為斷子絕孫之行為，就是因為祖宗的地氣被洩之故，才恨得咬牙切齒。古人還認為屍骨下葬後不可輕易遷移，否則會壞了風水，發跡不了。

## 恐壞龍脈朱元璋不敢重葬父母

　　朱元璋於西元 1368 年在應天（南京）稱帝後，首先想到要把父母、兄嫂的墳遷址，盛裝豪槨隆重再葬，並派精通風水的劉基前去安徽鳳陽老家勘查。劉基回奏，山川靈氣不可動，一動風水就不靈了，會破了朱家龍脈。迷信的朱元璋遂放棄了重葬的念頭，選擇在原址上修建大型皇陵。

　　張廷玉編纂的《明史·山陵》記載了這件事：

　　　　太祖至濠，嘗議改葬，不果。因增土以培其封，令陵旁故人汪文、劉英等二十家守視。洪武二年薦號曰英陵，後改稱皇陵。

　　因為這個原因，鳳陽的明皇陵是沒有地宮的，這也是歷代帝王陵寢中少有的現象。

　　同時，朱元璋狂施皇權，給下葬時連棺材都沒有的父

母、哥嫂封官加爵，一輩子連飽飯也未吃過幾天的朱五四當上帝王，追為「淳皇帝」，廟號仁祖。

## 張獻忠起義軍焚明祖陵「斷龍脈」

在古代所有發了財當了官做了皇帝的人，都會稱祖上埋到了風水寶地，這實際上是一種附會。

他們向世人所解釋的發跡之謎，是掩蓋巧取豪奪、濫殺生靈之罪惡的一種藉口。而一些子孫倒楣的也不一定就是祖陵風水不好。唐朝的郝處俊遭挖墳砸棺之禍，並不是因為葬的方位不好，壓了龍尾巴，而是因為他是唐高宗李治的老臣，生前就強烈反對武則天，武氏一直懷恨在心，生前奈何不了，死後便可以隨心所欲了。

傳說朱元璋父母葬到了風水寶地才得了江山。試想，天下哪有這麼好的事情？朱元璋能夠建立大明王朝，是拼殺出來的，是「馬上得江山」。

但朱元璋家祖墳葬到了風水寶地上的說法，過去竟然一直有人相信，崇禎八年（西元1378年）正月，張獻忠的起義軍攻打到安徽鳳陽時，便將朱氏的祖陵破壞得亂七八糟，「焚皇陵，燒陵殿，燔松三十萬株」，壞其風水，名為「斷龍脈」。

## 「郭璞葬母」有科學道理

從另一方面來說，堪輿師是有一技之長的，相對來說都是古時候的地理學家，對氣候、環境較為敏感，不承認風水術有科學道理也不行，不信也不行。

風水圈中過去有一個百談常新的「郭璞葬母」傳說：郭母死後，郭璞給母親挑選的墓穴距離河邊不到一百公尺，如果一發大水墳便會被淹掉，這可是風水大忌。郭璞卻敢葬，預言水必退去，時人將信將疑。結果若干年後，河水果然改道了，郭母墓四周都成了桑田，郭璞的名氣因此大振。郭璞為什麼敢這麼斷言，無非是他對附近的山川走向、河流分布、氣候變化，比別人更瞭解。

## 風水寶地一般人家享用不得

不過啊，堪輿真龍結穴的所謂風水寶地，是皇家特權，一般人是不能享用的，否則會遭殺身之禍。史上記載，南朝宋代時浙江有位名叫唐寓之的人，出生於堪輿世家。他在外鼓吹，祖墳有帝王之氣，當在他這一代的身上顯貴。他不但到處宣揚，而且還招兵買馬宣佈起事，不久自稱「唐皇帝」。

當時中國正是大分裂時期，想當皇帝的人不少，亂兵四起。宋代當政是劉昱（西元 473—477 年，在位 6 年，後為蕭道成所殺，貶為蒼梧王），哪容一個風水先生與他爭天下。結

果,「唐皇帝」與劉昱之兵首戰即敗,被活活生擒遭誅。

## 清明掃墓的風水學原理

這裏補充說一下,為什麼大家會選擇在仲春時節去掃墓?除了郊遊踏青的理由外,這裏面也與古代堪輿術有關。

堪輿術有一個大概的解釋,認為子孫能想著先人的歸葬之處,就是天人感應的結果。清明前後正是陽氣上升季節,《管子‧形勢解》,「春者,陽氣始上,故萬物生」,氣息交換旺盛,是亡人與活人「心靈感應」最活躍的時候。

生者去陰宅看看,也是陰陽平衡的需要,會獲得一年的心靈平安。而且,古人還認為,生者住所陽宅要時時維護防漏雨什麼的,死者所居的陵墓,即陰宅也得定期掃視修理,添土護坡防「洩氣」。

從心理學上來說,

《洞天山堂圖軸》(南宋或金)

這話還是有道理的。從倫理學角度看，鼓勵後人每年定期祭祀先祖故友，也是應該的，不然連祖宗都忘記了，那不是「忘本」嗎？還談什麼感恩、孝順？何來禮儀之邦？

中國古代帝王陵寢「風水」探秘

皇帝認為自己是真龍天子，「龍」死後是不能隨便葬的，得找一塊吉壤安置身後事。這塊吉壤，民間慣稱為「風水寶地」。

那麼，這塊寶地的所謂「風水」，到底是什麼？

## 清東陵風水好在哪

帝王陵所在地，一向是神神秘秘的，過去屬於「禁地」，連陵區周邊的圍牆都是靠近不得的，牛、羊也不讓放牧。如明、清兩朝律例，挖墳掘墓者「斬立決」。不要說挖了，就是進去看看，都可能遭殺頭之災，「挖祖墳」的念頭是一絲不能有的。

中國帝王陵寢的選址其實不神，差不多都離不了一個共同的標準，即「龍穴砂水無美不收，形勢理氣諸吉咸備」，這就是「風水說」。

但具體說起來，內容就複雜了，在執行時忌諱多多。

起先，這「風水說」是用於諸如住宅、廟宇這些人類活動場所選址，但在傳統「陰陽」學說左右下，人死了是去陰間，是到另一個世界生活了，所以要「事死如事生」，陵墓的選址自然不能馬虎的，至今人們在給逝去親人選擇墓地時，仍要講風水。而帝王陵寢選址的好壞，則直接影響國運、江山的興亡，格外受到重視，因為選址不慎被帝王殺掉的風水

明成祖朱棣像

先生不在少數。

這在明、清帝王陵寢的擇址上，表現最為明顯。北京大學世界遺產研究中心陳喜波、韓光輝兩位學者曾就此作過專門的研究。如清東陵，據說是順治親自跑馬遊山而選定的風水寶地，他們分析後認為，這裏確是一塊風水絕佳之地。其依據是——

整個陵區以昌瑞山為界，以北稱「後龍」，是龍脈來源；陵區以昌瑞山為靠山，東側的鷹飛倒仰山為青龍；西側的黃花山為白虎；南部的形如覆鐘的金星山為朝山；遠處的影壁山為案山；馬蘭河、西大河二水環繞屈曲流過，環抱有情。

從上面看，清東陵是「山環水繞、負陰抱陽」的山水格局。青山環護，形成了拱衛、環抱、朝揖之勢，實為不可多得的風水寶地。

根據當年留下的建陵資料，依傳統的「分金立向」風水理論，確定陵寢建築的中軸線。東陵主陵孝陵和南部的金星山構成整個陵寢的建築軸線，整個陵區的方圓數十平方公里

的山川景物，都由金星山和昌瑞山一線相連的山向所控扼，這條軸線在陵區內諸多陵寢的有機配置下，得到不斷充實和強化，在空間序列的展開層次上，處處得到山川形勝景物天成的有序映襯和烘托，顯示了「天人合一」的宇宙圖景。

清代各帝后妃陵寢的選址和營建皆是這樣，無不考慮龍、砂、穴、水、明堂、近案和遠朝的相互關係。期望背後龍山重崗、開屏列帳，陵區負陰抱陽，避免冬季寒風。左右護砂，環抱拱衛，溪水分流，藏風聚景。近案似幾，遠朝如臣，使建築物前後對景，遙相呼應。當自然山川條件不能十全十美時，就人工加以修、補、填、挖，把自然和人文有機結合在一起，造就出一個理想的「人造」風水寶地。

## 朱元璋選葬處有什麼講究

清代帝王陵寢選址、規劃時的「天人合一」觀念，承繼的是明朝的一套，其首倡者是開國皇帝朱元璋。在中國都城中，南京的都城城牆是不規則布局的，這座世界目前保存最好、最長的都城牆，牆體都是傍山依地形順勢而建，城牆帶景象優美。如依傳統的「中軸線」理論，方方正正，就不會有「鬼臉照鏡」這樣的「金陵四十八美景」了（位於南京城西、清涼門北）。

朱元璋為自己選擇陵寢位址時，也追求陵寢與自然和諧

明仁宗朱高熾

統一，「遵照典禮之規制，配合山川之形勝」。

朱元璋與歷代皇帝一樣，宗法禮制，崇尚祖先。不同的是，朱元璋更迷信，對陵址選擇的講究到了苛刻的地步，以此求得風水佳境，賜福朱氏子孫。有專家認為，中國歷史上的帝王陵寢制度，是在明朝才完備起來的，此說不無道理。

明朝的帝王陵分布在四處，即葬朱元璋祖父母的盱眙「祖陵」、葬朱元璋父母的鳳陽「皇陵」、葬朱元璋的南京「孝陵」和北京的「十三陵」，這些陵寢所在都是「風水寶地」。

## 明孝陵的風水妙在何處

關於中國古代帝王陵寢的「風水」問題，不少專家都作過研究，這方面的書籍、論文很多。在明孝陵申報世界歷史

文化遺產時，南京大學文化與自然遺產研究所所長賀雲翱、中山陵園管理局文物處所長王前華、孝陵博物館館長周鈺雯，聯名提交了《「世界文化遺產」明孝陵解》一篇報告，其中有一章節，披露了孝陵的「風水」。

　　現在面積達三十多平方公里的鐘山風景區，幾乎就是當年明孝陵的整個範圍。在這處龐大的帝陵區域內，設計者將整座鐘山以及部分水面作為重要的「風水」景觀，一齊納入孝陵的建築規劃設計中，從而實現了「因山為陵」、「天人合一」的中國帝陵建築傳統和文化理念。

　　鐘山古稱「龍山」，早在江東末年，已被諸葛亮、孫權等政治家視為「龍蟠」之地，朱元璋作為大明開國之君，更不會放過這塊寶地，自然會擇金陵「龍脈」為葬地。後來，孫中山、蔣介石都選擇此地為自己的歸宿，也是因為鐘山是風水寶地之故。（中山陵是建成了，成為南京中山陵園風景區主要景點，也是重要的民國建築；蔣介石因為退守台灣，未能如願，如今在台灣築有「蔣陵」。）

　　朱元璋選擇在鐘山之陽建造陵，鐘山之陰建陪葬功臣墓，南北對應，尊卑昭然，這完全符合「風水」要義——

　　鐘山有東、中、西三峰，在風水上稱「華蓋三峰」，而以中峰最尊，孝陵恰好處於中峰之南玩珠峰下，而最早將這塊地盤視作風水寶地的是梁代高僧寶志和梁武帝蕭衍；在孝陵之西，有一座小山，人稱「小虎山」，過去不解其意，現

從風水地貌上分析，方知其正處於孝陵之右的「虎砂」位上，與孝陵之東的「龍砂」之象左右對列；直對孝陵陵宮的「梅花山」，過去都以為乃朱元璋為讓吳大帝孫權這條「好漢」給他的陵寢看大門而留下的，其實，這一座如屏的小山是孝陵風水中的「案山」，有著十分重要的文化象徵意義；西南方向的前湖及逶迤南下的「鐘山浦」也具有靈動的「朱雀」風水特徵。

這樣孝陵陵宮及寶城就具備了左青龍、右白虎、前朱雀、後玄武的風水「四象」，加之孝陵的三道「御河」都呈由左向右流淌的形勢，這種水風水上稱「冠帶水」，亦十分難得。

## 「北斗七星」陵區布局之謎

朱元璋新創了一套帝陵體制。孝陵以鐘山為中心，外郭城垣走向曲折，繞山而建，這一點與明初京師城垣相似；神道也是不循常規，彎曲而行，與陵宮部分構成一平面如「北斗」的形狀。

《大明孝陵神宮聖德碑》記載，朱元璋「審天象，作地志」，此即是採用了象天法地，以「天帝」所居之「北斗」位居中央，周圍按二十八宿構成的青龍、白虎、朱雀、玄武四象環繞的神秘布局手法。

古人認為北斗七星是「天帝」居住的地方，皇帝是天子，「升天」也就意味著到北斗七星上去住了。這種追求「魂歸北斗」的「北斗七星」陵區布局，影響到了後代帝王陵寢的擇址和建設。

## 朱棣為何不選「燕家台」

北京城的規制是仿南京城的，北京十三陵的構建規制同樣源自南京，源自孝陵。十三陵中的第一座，也就是明成祖朱棣的陵寢長陵的規制，完全按照孝陵的標準構造的。其後的獻陵、景陵、裕陵、茂陵、泰陵、康陵、永陵、昭陵、定陵、慶陵、德陵、思陵的營造，雖有大小之別，但規制相同。整個陵園以長陵為主體，向東南、西北和西南展開，周圍約八十里，形成了明朝規模宏偉的陵園。

說到迷信，朱棣比其老子朱元璋更厲害。據說當初為選擇陵址，他頗費心思。初定京西燕家台，因與「晏駕」諧音，覺其不吉，只好作罷。繼選京西潭柘寺，又認為既為寺院，怎能再建陵墓，朱棣不悅而放棄。

最後選定燕山山脈的支脈黃土山，形勢優美。朱棣表示滿意，只覺地名太俗。恰在此時，正逢他的生日，於是改黃土山為天壽山。

## 唐高宗乾陵的風水原理

從中國古代帝王陵寢規制上看，從春秋時期開始，就有「依山起陵」的觀念，後來有了「依山環水」的講究，到秦、漢、唐、宋幾代，帝陵逐漸發展成方上、陵台、方垣、上下宮的制度和中軸對稱的規整格局，這種布局的基礎是非風水寶地不建。

現在有人提出發掘的「秦陵」、「乾陵」，就是典型的風水寶地。秦陵南依驪山，北臨渭水，符合《大漢原陵秘葬經》中的「立塚安墳，須藉來山去水」之陵寢擇址標準，可謂吉壤。

位於關中的乾陵，地形地貌結合完美，有山（梁山）有水（漠谷河），陵區如裸睡少婦，棒槌嶺如男根插在中間，應合「陰陽二儀、天地配合」之原理。乾為天為陽，坤為地為陰，陰陽交合，乃生萬物。

秦陵背依驪山，氣勢磅礴

《葬書》中說，「葬者，乘生氣也。藏風聚氣，得水為上……故葬者以左為青龍，右為白虎，前為朱雀，後為玄武」。乾陵具

乾陵

備了風水寶地的所有條件，據說，高宗李治登基不久，命當時有名的星相大師袁天罡和專掌陰陽天文曆法的太史令李淳風，為他擇萬年吉壤，這塊地是袁、李兩人共同定下的。

## 帝王陵為何強調「天人合一」

中國傳統哲學思想認為，「人法地，地法天，天法道，道法自然」。皇帝是天子，所以強調「天人合一」。而「天人合一」體現在帝王陵上，便是講究「風水」。

因此帝王是不能隨便葬的，生前「萬歲」，死後得有「萬年吉壤」。這從清東陵、朱元璋的孝陵、唐高宗李治和武則天的合葬陵乾陵選址理由上，表現得一清二楚。

帝王陵寢擇址看似迷信，其實一點也不神秘，是追求人

與自然相和諧統一的結果。「風水說」雖然有蒙人的嫌疑，但還是有科學道理的，實際上是有中國特色的傳統環境觀。它很好地處理了人與自然的關係，依風水理論選擇出的葬處，人與自然確實都很「和諧」。

羅漢圖（南宋）

明朝皇家清明節祭祖秘聞

清明，是祭祀先人亡友的日子。

清明節在二千多年前的西周時就出現了，為傳統的「八節」（上元、清明、立夏、端午、中元、中秋、冬至、除夕）之一。但過去清明節的日子並不固定，也不只是一天。由於清明節氣一般在西曆 4 月 5 號前後，或 4 號，或 6 號，後來為了統一，祭祀意義上的「清明節」就約定俗成在 4 月 5 號這天，成了「標準時間」。民間風俗，在 5 號前十天後八天，都算清明。

南宋吳自牧著寫的《夢粱錄》一書中記載，當時的清明節「官員士庶，俱出郊省墳」，此即古詩所謂，「騎驢擔酒祭祖墳，一路春光滿眼新」。

民間掃墓祭祖如此重視，皇家對清明自然更視同非常。下面以祭大明王朝頭一代、明太祖朱元璋的孝陵為例，看看皇家祭祖陵是怎麼樣一種排場。

## 清明祭陵為明「三大祭」之第一祭

在明朝，祭祀祖陵的儀式相當嚴格。

《明仁宗實錄》記載，洪熙元年二月（西元 1424 年），朱高熾派敕守南京的駙馬都尉沐昕去祭祀孝陵，「自今孝陵四時祭祀，命爾行禮，必誠敬請清潔以裕神明，不可纖毫怠忽」。

明仁宗朱高熾是朱棣的長子，朱元璋的孫子。那時大明

王朝的都城已遷往北京，但他不敢忘記祭祀南京的孝祖陵。從他的口論可知，大明王朝對祭祖陵絲毫不敢大意，虔誠萬分，因為那牽涉到神靈保佑之大計，事關國體。

皇家陵寢，除了忌辰外，四時八節都要祭祀，但重點不同，各個朝代的禮儀要求亦有別。

《明會典》記載，建文帝朱允炆初年，定孝陵的祭祀安排為「五小祭」、「三大祭」。由主管祭祀的太常寺具體操辦負責。

「五小祭」裏包括朱元璋（閏）五月初十、馬皇后八月初十這兩個忌日；「三大祭」，就是指清明、中元、冬至三大節氣，其中，清明祭陵為「三大祭」之第一祭。

## 近臣在參祭時要「跪拜」敬禮

「三大祭」都是「日祭」，使用「牲醴」。

「牲醴」就是要用動物作為祭品的祀制，而不是簡單擺幾個果盤，燒幾炷香就可了事的，大小官員也都得參加，皇帝是全國人民的祖宗嘛。明萬曆年間進士顧起元所著的《客座贅語》記載：「凡三大祭，用祝版。已上祭祀俱百官陪祭，遣備武臣行禮。」顧起元官至吏部侍郎，這些文字應該是他陪祭時的親眼所見，親身體會。

祭陵過程中，官員的行為舉止得有分寸，連怎麼走都有

位於南京紫金山南麓樹林深處的明孝陵

規定。

《明會典‧山陵遣祭儀》記載：

贊引引遣官由殿右門入，典儀唱執事官各司其事。贊引引遣官就拜位，執事捧香合至香案。贊引贊詣前導遣官至香案前跪，贊上香，遣官三上香。訖，贊復位。贊四拜（通贊眾官同），典儀唱奠帛，行初獻禮。執事捧帛爵，各跪獻於御案前。訖，贊跪拜（通贊眾官皆拜），贊讀祝。讀訖，贊俯伏、興、平身（通贊眾官同），典儀唱行亞獻禮儀（儀同初獻，惟不奠帛、讀祝），唱行終獻禮（儀同亞獻），贊四拜。典儀唱讀，祝官捧祝，進帛官捧帛，殿瘞位，贊禮畢。

從這個祭儀規制來看，程式比現代追悼會的「三鞠躬」

要繁煩得多了，僅從主祭官員的動作上就知道不能馬虎，要跪、捧、伏（趴地上）、平身，四拜方止。

## 行祭中不能咳嗽以免「驚駕」

祭祀時還不能亂說話，言語方面有明確規定。

《明會典·山陵遣祭儀》記載的《祝文》，共有二十四個字：如在清明節時，祝文是這樣的——「時維仲春，雨露既濡，追念深恩，不勝怵惕，謹用祭告，伏惟尚享。」

霜降祭：「時維季秋，霜露既降，追念深恩，不勝悽愴，謹用祭告，伏惟尚享。」

中元祭：「氣序流邁，時維中元，追念深恩，伏增哀感，謹用祭告。伏惟尚享。」

冬至祭：「時維冬至，雨露既濡，追念深恩，伏增哀感，謹用祭告，伏惟尚享。」

由於明陵後來越來越多，要祭祀的「祖宗」也越來越多，清明時的祭儀就越來越形式了，要套用固定的語言程式，如《祝文》，只是根據陵墓主人的諡號不同而作適當調整，其他內容都是一樣的——開始糊弄祖宗了。

不僅不能亂言語，行祭時連咳嗽都不准的。如果有人咳

嗽，或是弄出聲響來，往往會遭到內侍官員的嚴厲訓斥，警告他不要「驚駕」。有的官員為逃避祭祀之辛苦，常常在清明節時稱病請假，躲起來不參加。

## 祭陵時洩露皇家秘密

平時官員是不得入陵的，所以，祭陵有時也成為有心文官考證野史傳聞的絕好機會。

如，民間傳講明成祖朱棣的生母是碩妃（見前文《明成祖朱棣與四個女人說不清道不明的關係》），生下朱棣後，碩妃被朱元璋用「鐵裙」之酷刑活活折磨死了，朱棣從小被馬皇后抱到身邊，便成了馬皇后親生兒子，後來朱棣當了皇帝後，對碩妃十分懷念，便在孝陵內給她一個特殊的靈位，位列馬皇后之旁邊；又在南京修建大報恩寺以紀念。

明人張岱在其作品《夢憶》中記下了崇禎十六年（西元1642 年）七月陪祭孝陵時的「發現」，碩妃的牌位很講究，前面貢品豐富，確實與其他嬪妃的待遇不一樣——「再下東西列四十六席，或坐或否，祭品極簡陋。」這「四十六席」指為朱元璋殉葬的四十六位嬪妃。

張岱在文中還提到一事，由於當時是七月天，正是「火爐」南京最熱的時候，祭祀儀式結束了，那些擺在供案上的牛、羊等祭品，也都變質了，臭味熏人。

## 祭祀用品是死者生前愛吃的

祭陵時，祭祀物品品種很多，當然還要用於招待參祭人員啦。

牛、羊、豬、鹿、兔、雞、魚，這些牲畜家禽水產什麼的，自然是少不了的。時令蔬菜也不能缺，與生前享用的「菜單」毫無兩樣。而且，到什麼季節，上什麼祭品。韭菜、薺菜、芹菜、茄子、苔菜、竹笋、芋苗等，都是朱元璋和馬皇后這對布衣夫妻生前愛吃的，要保證供應；菱角、櫻桃、杏子、西瓜、柳丁、栗子、甘蔗，也不能缺。

根據《南京太常寺條》的紀錄，每月送往主管宴享（製作祭品）的光祿寺的東西都不重樣——

正月，韭菜、生菜、薺菜、雞子、鴨子；

二月，芹菜、苔菜、藜蒿、子鵝；

三月，茶、笋、鯉魚；

四月，櫻桃、杏子、青梅、王瓜、雉雞、豬；

五月，桃子、李子（又夏至李子）、茄子、麵、小麥仁、嫩雞；

六月，蓮蓬、甜瓜、西瓜、冬瓜；

七月，棗子、葡萄、雪梨、鮮菱、茨實、大麥仁、小麥；

八月，藕、芋苗、茭白、嫩薑、粳米、粟米、米、鱖魚；

九月，柳丁、粟子、小紅豆、砂糖、鯿魚；

十月，柑子、橘子、山藥、活兔、蜜；

十一月，甘蔗、鹿、獐、雁、蕎麥麵、小紅豆、黑砂糖；

十二月，菠菜、芥菜、白魚、鯽魚。


又，送太常寺轉送光祿寺供薦品物：


二月，子鵝；

三月，筍；

四月，青梅；

七月，雪梨；

八月，茭白；

九月，柳丁；

十月，柑子；

十一月，甘蔗；

餘月無。

## 祭品除自產外還有民間朝貢

這些用於供奉宴享的原料都是從哪來的？

除了少量由神宮監、光祿寺自己生產、種植的外，絕大多數都是各地作為「政治任務」進貢的，由特定地方的專人專戶飼養、種植的。從《南京太常寺條》的紀錄中可以知道當年孝陵的祭祀用品來源情況：

犧牲所餵養：

牛犢，和州江浦縣解；

北羊，陝西西安府解；

山羊，湖州府解，寧國府解；

豬，宣課司抽分；

鹿，寧國府解；

兔，應天府屬縣獵戶納。

香帛諸物：

降香、速香、馬牙香、澆燭、黃蠟，以上俱太常寺關領；

澆燭、香油，上元、江寧縣納；

各色制帛，南京司禮監領；

時果、椒、筍、粉、糖等項，上元、江寧縣買辦；

麵、醬、醋等，籍田祠祭署支；

酒，南京光祿寺支。


## 遷都後朱棣未再返南京祭祖

　　需要指出的是，在建文、永樂（都在南京）時，祭孝祖陵都是皇帝親往，即「天子皆嘗躬祭孝陵」，但在朱棣遷都北京後，只有武宗朱厚照南巡時順道親自祭過孝陵，包括朱棣本人，此後沒有一位皇帝能親臨紫金山祭祖陵，大都差遣皇子、駙馬或重臣前來往南京代祭，還不如後來奪走江山的清朝皇帝跑得勤。其實朱棣心目中是否真有老子朱元璋也未必。有一個記載稱，在「靖難事件」中，殺過長江的朱棣打算直接入城，在大學士楊榮的提醒下才想到應該先謁祭孝陵。明人章潢的《圖書編》記載了這件事情：「建文四年六月，靖難兵入，南京失守，諸王上表勸進。燕王命駕將入城，學士楊榮迎駕前曰：『殿下先入城耶，先謁孝陵耶？』燕王悟，遂謁孝陵。」

　　相反，清朝皇帝對朱元璋挺尊重的。

　　清朝康熙三十八年（西元 1699 年）的清明期間，康熙藉第三次下江南之機謁祭孝陵。具體時間是當年四月十六日上午，在江寧織造府官員曹璽（《紅樓夢》作者曹雪芹的曾祖父）的陪同下，前往紫金山。

　　這次謁祭，康熙給孝陵增添了一塊珍貴文物：御筆親書「治隆唐宋」碑，至今仍立於孝陵前，成為孝陵一景。但清朝皇帝這麼時常惦記著明朝的朱姓帝王，除了安撫漢人、出於統治的需要外，也可能因為奪了人家的江山，心裏有愧吧，燒點紙錢、說點好話彌補罪過乎？

# 明祖陵靈異傳說與風水之謎

縱觀中國歷史上大大小小的帝王，幾乎沒有不迷信的。

每個帝王都把自己想像成真龍天子，認為是祖上秘葬到了一塊風水寶地上，接上了龍脈。但如果要問哪一朝對風水最講究，迷信最嚴重？我覺得要數大明王朝的帝王們，每每國運波折便會想到祖陵的風水有恙，對祖陵的重視程度等同於國事。

這裏，就從朱初一所葬的風水寶地，聊聊明祖陵近幾百年的風風雨雨與大明王朝國運飄搖之謎。

## 朱元璋祖父「睡」到了風水寶地

朱元璋祖上本是今鎮江句容「朱家巷」人氏，後其祖父朱初一帶著一家老小遷到盱眙楊家墩一帶。再後來，朱初一死後，兒子朱五四又帶著全家遷往相鄰的濠州（今安徽鳳陽）鐘離鄉，再遷太平鄉。朱家離開句容，據說也是無奈。當時朱家被元官府籍定為「淘金戶」，役稅很重。忽必烈當政的至元二十六年（西元 1289 年），為了逃避稅賦勞役，不得已才出走盱眙的。

窮得吃上頓沒有下頓的朱初一，有一天躺在楊家墩家宅後的一個土坑裏睡懶覺。這時候過來一老一少師徒道人，原來老道人懂堪輿風水術，對小道稱，老頭躺的地方是真龍結穴處，若葬此不出三代即出天子。小道不相信，老道稱，這

裏地氣旺，不相信你在坑裏插根枯樹枝一試，不出十天就發芽長葉。十天後果然枯木逢春……朱初一死後即葬此坑內。奇怪的事情又發生了，未及人工封土，坑口自然合上成墳。

這個故事可不是民間編造出來的，是朱元璋的同宗朱貴講出來的。

當年朱貴的祖上和朱元璋的祖上一起，由句容遷到盱眙。明嘉靖年間人士王文祿在《龍興寺》中，很具體地記述下了上面所說的靈異事件：

> 泗州有楊家墩。墩下窩，熙祖嘗臥其中。有二道士過，指臥處曰：「若葬此，出天子。」其徒曰：「何也？」曰：「此地氣暖，試以枯枝栽之，十日必生葉。」熙祖起，曰：「汝聞吾言乎？」熙祖佯聾，力以枯枝插之去，熙祖候之十日，果生葉。熙祖拔之，另以枯枝插之。二道士復來，其徒曰：「葉何不生也？」曰：「此必人拔去矣。」熙祖不能隱。道士曰：「但洩氣，非長支傳矣。」謂曰：「汝有福，段當葬此，出天子矣。」熙祖語仁祖，後果得葬，葬後土自望。其後陳后孕太祖，皆言此墩有天子氣。

## 朱元璋營建「明代第一陵」

後來，朱家逃荒要飯走了，朱初一當年下葬處也迷失了。朱元璋當了皇帝後，下詔尋找，洪武十七年（西元1384年）十月，讓朱貴給找到了。

明末清初藏書家孫承澤在其所著《春明夢餘錄》中，記載了朱貴替朱元璋尋找祖墳一事，「即畫圖貼說，認識宗派，指出居處葬處，備陳靈異始末」。朱貴回盱眙尋找祖陵是有背景的，《明史》記載，「太祖即位，追上四世帝號」。剛當了皇帝，朱元璋依據古代帝王的慣例，給上四代封官進爵建陵。但除父親朱五四的墳墓是自己親手埋葬的，一下子就找到，祖父輩以上的地穴卻不知道在哪。

位於今江蘇盱眙境內的明祖陵「南紅門」

之前，相信自己祖墳風水好的朱元璋，已多次派員去盱眙查找朱初一所葬的墳址，一直未能如願，領命官員只能在泗州城西潮河壩「望祭」。洪武四年（西元 1371 年），朱元璋在那裏建了祖陵廟，供奉祖父以上三代牌位，即祖父朱初一，追尊熙祖裕皇帝；曾祖朱四九，追尊懿祖恒皇帝；高祖朱百六，追尊德祖皇帝。

找到了祖墳，朱元璋大喜過望，心裏的一塊石頭落地。洪武十九年西元 1386 年開始（亦有稱是洪武十八年，即 1385 年），著手修繕盱眙祖陵。具體負責此事的，朱元璋沒敢安排別人，而是讓太子朱標親自前往。張廷玉編纂的《明史·山陵》記載了這件事情，「命皇太子往泗州修繕祖陵，葬三祖帝后冠服」。祖陵有皇城、磚城、土城內外三重城垣，櫺星門、享殿、大金門、金水橋、左右廡碑亭、石像神道、玄宮等，一應俱全，一個不缺，為明帝王陵寢中規制最大的一座，以後的每一座帝王陵都不能逾越。

當年的規模，比朱元璋的孝陵、朱棣的長陵都宏大、氣派，被稱是「明代第一陵」。而在此之前的洪武二年（西元 1369 年），鳳陽皇陵已開始營建，到洪武十年（西元 1377 年）完工。祖陵建成後，朱元璋任命朱貴為第一任祖陵署令，專門負責看護。

## 泗州明祖陵風水到底妙在何處

朱初一葬到了真龍結穴處，朱元璋當上了真龍天子。但這塊風水寶地到底妙在何處，貴在哪裡？成書於崇禎年間的《鳳泗記》對此作了具體的解析：

> 龍脈西從汴梁而來，由宿虹至雙溝鎮，起伏萬狀，為九溝十八窪，從西轉北，亥龍入首坐癸向丁……大約五百甲之內，北戒帶河，南戒雜江，而十餘里明堂前後，復有淮、泗、汴河諸水環繞南、東、北，惟龍從西來稍高。陵左肩十里為掛劍台，又左為洪澤湖，又左為龜山，即禹鎖巫支祈處，又左為老子山。自老子山至清河縣，縣即淮、黃交會處也。陵右肩六十里為影塔湖，為九岡十八窪，又右為柳山，為朱山，即汴梁虹宿來龍千里結穴。真帝王萬年吉壤。

《鳳泗記》的作者是朱由檢當皇帝時的禮部侍郎蔣德景。

明祖陵真的如蔣德景所言是風水寶地，「若葬此，出天子」？

明祖陵緊靠洪澤湖，東西都是水，地勢極其低窪，有「九崗十八窪」惡名。過去若是陰雨天前往，爛泥能把鞋子粘掉，根本沒有辦法行走。不僅不像風水寶地，連居民出行

都甚覺不便，地貧人稀，是兔子不拉屎的地方，時常有人家遷走。當年朱五四帶著妻子陳氏一家老小到鳳陽鐘離鄉討生計，就是這個原因。但在蔣德景眼裏，祖陵所在偏偏就是妙不可言的風水寶地。實際上，這是一派謊言，我想是蔣德景忽悠朱由檢的。

## 明祖陵借「水龍」成勢

實際上，當時的堪輿大師劉基等，就知道明祖陵所在地並不是完美的萬年吉壤。根據古代堪輿術的定義，一塊風水寶地的地勢地形地貌，要穴前有明堂，要看三奇四應。三奇即山、水、案；前、後、左、右、為四應；左右有護砂，所謂「砂」即山丘土石之物；要有羅城，羅城由山或水組成，相繞四周；遠有朝山，近有案山。

明祖陵神道，兩邊有精美石刻

以山為羅城，形成左青龍、右白虎、前朱雀、後玄武四種態勢為佳；如果周圍無山，一馬平川，則借水勢成龍（水龍），以澤國環抱為上。

明祖陵地處蘇北，基本上屬平原地貌。四周除了一片水國，並無多少妙貴可言。所以，當年築陵時進行了大規模的地理改造，填埋窪地，補修不足，挖地成河，堆土為山，人工整出了砂、水、近案、明堂等風水要素必具的景觀，這才形成了一塊標準的風水寶地。

實際上，明祖陵的所謂風水飽受了自然環境的侵害，特別到了明朝後期，明祖陵一直深受水患困擾。

## 「水漫泗州城」明祖陵被淹

明英宗朱祁鎮當政時期（西元 1435—1449 年，當年瓦剌南侵，朱祁鎮親征敗於土木堡被俘，弟弟朱祁鈺稱帝，景泰八年，西元 1457 年復辟，再當政至 1464 年）起，明祖陵開始受到洪水威脅。到明晚期，水患更為嚴重，神宗朱翊鈞當政的萬曆八年，淮河再泛大水，祖陵即被水淹。

明人曾惟誠等纂修的《帝鄉記略》記載了當年的情況，「下馬橋水深八寸、舊陵嘴（傳說是朱初一實際下葬處，即老道士所說的風水寶地）水深丈餘，淹枯松柏六百餘株」。雖然高築堤，疏水道，但由於祖陵所處淮水邊上、地勢低窪的天

然缺陷，水患根本無法根治。

終於，清康熙十九年（西元 1680 年）黃河奪淮，黃淮兩水並漲，釀成災難。不僅明祖陵消失了，整個泗州城也被淹沒了，這就是史上有名的「水漫泗州城」。此後，明祖陵躺在水下近三百年一直無人知曉，直到「文革」期間的 1968 年大旱，部分建築露出水面，明祖陵這才重新被發現。1976 年當地文管部門進行修復，目前成了蘇北一景！此地原叫仁和集，因境內有明祖陵而出名，現在乾脆易名為明祖陵鎮。

## 明國力衰敗與祖陵受威脅

在今天看來，朱初一葬風水寶地和靈異傳說，無疑是無稽之談。

但有一個現象，或者說謎團，也應該注意一下：在明祖陵開始遭水患之後，大明王朝確實從此進入了多事之秋。

特別是北方邊境戰事吃緊，瓦剌老是前來騷擾，再到後來的李自成起義、清軍入關，似乎祖陵飽受水患的時間，與大明王朝的滅亡時間，一對曲線呈平行態勢發展，國勢亦如風雨之中的祖陵一般飄搖，這也許僅是一種巧合，但不由人不去聯想。過去人認為，甚至包括尚書級別重臣在內都憂心，大明國運受阻與明祖陵受淹一體關聯，看來此並非閒來無事之語，也非別有用心的江湖瞎話。

正統十四年（西元 1449 年），赴北親征的朱祁鎮竟然在土木堡被也先率領的瓦剌兵士生俘，成了中國帝王中最丟臉的一個人，真龍天子的不敗之身神話被戳破了，國運就此逆轉。

《明史·英宗前紀》是這樣記述的，「……侍郎丁鉉、王永和，副都御史鄧棨等，皆死，帝北狩。」「北狩」，即北去打獵，乃文人給朱祁鎮要面子的說法。但「狩」，除了打獵的意思，還有「捉住」一解。史家用此詞乃一語雙關，不可謂不妙，一代帝王竟然被「狩」，不可謂不是奇恥大辱。

當時有朝臣議論，這可能與祖陵龍脈受水患威脅、風水不時受到當地人開山放炮、取土葬墳的干擾有關。為此，大明王朝多次下旨，加大對祖陵的保衛和修護力度，頒布相關禁令。

## 守護祖陵難挽大明頹勢

實際上，明朝對祖陵的看護一直非常嚴格，有非常縝密而又嚴厲的保護制度。常年派有兵士把守，多時達兩百人。還設有祭戶、鋪排戶、廚戶、屠戶、酒戶、窯匠戶等祖陵戶。目的就是為了保護祖陵的風水不被破壞，龍脈永存，國運永興。

這個制度，從朱元璋在世就開始執行了。但後來，由於

王朝威信的不斷下降，加上天災人禍，祖陵的龍脈受到嚴重威脅，山民不時去附近的地方開山採石，在「太歲頭上動土」，甚者有人欲沾王氣，在朱家龍脈範圍內葬祖墳。

《英宗實錄》記載：「天順三年（西元 1459 年）六月，南京祠祭署祀朱鏞言：盱眙第一諸山，雖隔淮河，然朝拱祖陵。縱民伐石立窯，恐殘地脈，亦不容對山以葬。上命中都留守司究其，已對葬者，遷之；填塞其伐石立窯之處，仍命都察院揭榜禁約。」從朱鏞的話裏，可以知道祖陵當時的守護出了麻煩。

到最後，女真人（後來的滿人）建立的後金政權在東北興起，對大明王朝構成了直接威脅，形勢已十分糟糕。明朝廷一方面派人去破壞北京九龍山下的金祖陵，掘斷其龍脈，希望通過風水來阻止後金（大清）的發達；另一方面加緊對孝陵、皇陵、祖陵等在南方先祖陵寢的保護，防止王氣外洩，龍脈受損。

孫承澤所著的《陵園‧察勘陵紀》記載，崇禎十四年（西元 1641 年）四月二十五日辰時，朱由檢在中極殿召見成國公朱純臣、恭順侯吳惟英、新樂侯劉文炳、駙馬都尉萬煒、鞏永固，宣平伯衛時春、禮部尚書林欲楫，侍郎王錫袞、蔣德景等，要他們彙報孝陵、皇陵、祖陵情況，重申近陵不准開窯取石、砍伐樹木的規定，決定遣派重臣勘察。

朱由檢特別關心盱眙祖陵的保護，詢問龍脈有無受到損

壞。禮部侍郎蔣德景就是在這種背景下，到盱眙、鳳陽勘察祖陵、皇陵，寫就了《鳳泗記》一書。

　　但朱由檢的一切努力都不起作用，最後自己吊死在後宮禁地煤山上的歪脖槐樹下。大明王朝如一盞枯油燈，國運耗盡，江山易主。明祖陵那塊風水寶地，最終沒能使枯枝生葉，再顯靈異！

高僧

朱元璋眼裏最適合建都之地

1368 年正月，朱元璋皇袍加身，定都應天（今南京市）。但朱元璋從定都第一天起，心裏就不踏實，覺得南京非大明的萬年帝都，疑神疑鬼的，此事至死都是一塊心病。

　　後來有人指責明朝遷都北京是明成祖朱棣的想法和所為，其實不是，最先有此念頭的正是朱元璋本人，朱元璋在稱帝元年確定的「兩京制」，才是朱棣遷都北京的第一大由頭，朱棣並沒有違反朝綱和先帝遺訓。

　　那麼，在朱元璋的眼裏，中國何地最適合成為帝王建都之地？

## 朱元璋南京「鞭牛首」傳說

　　南京屬丘陵地貌，海拔兩百～四百公尺之間。除了金陵、秣陵、石頭城、建業、建康、江寧、應天、天京等稱呼，還有冶城、越城、白下、上元、升州、集慶等別稱。

　　因挾長江之險和群山之固，古今軍事家必爭南京。南京四周全是山，從西南往東北，江邊有石頭山、馬鞍山、四望山、盧龍山、幕府山；東北有鐘山，城內北邊有富貴山、覆舟山、雞籠山；長命洲、張公洲、白鷺洲等沙洲也形成了夾江。這些天然屏障拱衛著南京。整個城池，北高南低，確實易守難攻。

　　據說，中國堪輿術認為所謂的三條大龍中的「南龍」收

南京古城

勢於南京，真龍結穴處是城東主峰紫金山（鐘山）。朱元璋的孝陵、孫文的中山陵均建於風水最旺的紫金山南坡。

具體分析到南京這條「龍」，古代的堪輿考察更細。《堪輿雜著》是北宋人李思聰撰著的一部地理書，對包括南京、洛陽在內多個城市的風水作過研究。

李思聰認為，南京的龍首在城西南幾十里之外的牛首山，「自瓦屋山起東廬山，至溧水蒲裏生橫山、雲臺山、吉山、祖堂山而起牛首雙峰特峙，成天財土星，生分一枝生吳山，至西善橋止，復於肘後逆上，生大山小山，右分一枝生翠屏山，從爛石岡落，變作岡龍，至麻田止。中抽將軍山，

過黃泥崗，起祝禧寺，至安德門，生雨花臺前，至架崗門上方門而止。雖為鐘山，應龍打水，歸聚明堂。」

朱元璋在南京定都後發現，南京周邊諸山頭向城內，呈朝拱狀。只有牛首山和太平門外的花山背對皇宮，無拱衛之意。為了求得風水，朱元璋一氣之下，允許居民肆意采樵花山，砍伐山林。又命人帶著刑具去「處罰」牛首山，將牛首山痛打百鞭，又在「牛鼻子」處鑿孔，鎖以鐵索，把「牛頭」牽過來。此處遺跡至今可見。

## 朱元璋懷疑南京都城風水

古往今來有十個大小王朝在南京定都立國，故南京官方現在對外宣傳時不再是傳統的「六朝故都」說法，而多稱「十朝都會」。但細察一點可以發現，定都南京的王朝雖然多，卻都是短命的，存在時間短。

因為這一歷史現象的存在，朱元璋一直懷疑自己都城的風水，舉棋不定。《明太祖實錄》（卷45）記載，在南京稱帝後的第二年，即洪武二年九月十二日（西元1369年10月20日），朱元璋把定都的事情交付朝臣討論。

初，上召諸老臣問以建都之地，或言關中險固金城天府之國，或言洛陽天地之中，四方朝貢道裏適均，汴梁亦宋之舊京，又或言北平元之宮室完備，就之可省民力者。上

曰：所言皆善，惟時有不同耳。長安、洛陽、汴京實周秦漢魏唐宋所建國，但平定之初，民未蘇息。朕若建都於彼，供給力役悉資江南，重勞其民；若就北平，要之宮室，不能無更作，亦未易也。今建業長江天塹，龍盤虎踞，江南形勝之地，真足以立國。

這裏的記載雖然說朱元璋對南京的風水滿意，「足以立國」，但如此地「討論一番」，充分暴露了這位開國皇帝對南京風水的懷疑。

朱元璋當年在都城問題上到底是怎麼想的呢？根據史料知道，朱元璋當年的定都過程還是頗為痛苦的，可謂猶豫不決，再三反覆，一直到死也未能完成他的遷都之夢。

明朝在南京的皇宮是頗通堪輿術的劉基卜選的，處於鐘山的西南腳邊，原是一處低窪的面積很大的湖塘 —— 燕雀湖。南京適合建宮城的地方很多，劉基為何為朱元璋選擇湖塘？因為紫金山（又名鐘山）是「龍身」，燕雀湖是龍頭。朱元璋圖這裏的風水好，為了養住「龍脈」，這才聽信了劉基的話。

確定此處為皇宮位址後，朱元璋下令將這裏的湖填平起殿。為此，朱元璋曾調集幾十萬民工，開始填湖。民間傳說，填湖前朱元璋進行了「祭湖」活動，但當時的燕雀湖面積很大，地勢低窪，一時難以填好。迷信的朱元璋聽說一位叫田德滿的老人，封其為「湖神」，把他捆綁起來投進湖底，

很快燕雀湖填滿了。至今南京還有「湖神田德滿」一說。

朱元璋填湖造皇宮是費了很大的工程的。現代考古探測已證實了這點，南京在建設地鐵二號線時的探測表明，當年土共填了十二層，一層碎磚石間隔一層泥土。

## 明朝南京皇宮「前高後低」

朱元璋建造皇宮時還有一個插曲。明人徐渭撰寫的《英烈傳》記載，當時劉基把填好的前湖地作正殿基址，標樁打入水中後，朱元璋覺得基址逼仄，位置過窄，便將柱基往後面移動一點。劉基當時就斷言，這樣移一下也不壞，但大明王朝將來很可能有移都之周折，此後果然言中。

但從風水學上講，皇宮所處位置確有嚴重缺陷，偏在都城南京的東北，地勢前高後低。時臣引用《管子·度地篇》奏稱，「聖人之處國者，必於不傾之地。」此事遂成朱元璋的一塊心病。

據清代學術第一人顧炎武的考證（見《天下郡國利病書》卷13），朱元璋曾說過這樣的話：「朕經營天下數十年，事事按古有緒，唯宮城前昂後窪，形勢不稱。本欲遷都，今朕老矣，精力已倦，又天下新定，不欲勞民，且廢興有數，只得聽天。唯願鑒朕此心，福其子孫。」

## 朱元璋一度欲遷都安徽鳳陽

朱元璋這個人很迷信，而且「榮宗耀祖、衣錦還鄉」的農民意識嚴重。

洪武二年（西元 1369 年）九月，朱元璋提出另擇地建都問題，由朝中大臣商議。就是這次「定都會議」，朱元璋決定在他的老家、發祥之地臨濠（安徽鳳陽）興建中都，遷都於此。在並非富庶之地的淮西平原上，六年後平地冒出了一座城池。

中都的具體地點是今鳳陽縣城西南的鳳凰山山腳下，由左丞相李善長任總指揮，全面負責中都的營建，工匠多時達百萬人，到洪武八年（西元 1375 年）已成規模。當年四月朱元璋駕臨中都視察，但令所有史學家不解的是，在他視察回寧後，卻突然宣佈停止中都的營建。

根據《明太祖實錄》記載，其理由是「以勞費罷之」開支巨大，實際上不這麼簡單，建國初期固然財力不甚雄厚，但當時已營建六年，費了鉅資，這麼說停就停了，不更造成了財力的浪費？

據說是劉基反對，稱這裏不適宜建帝都，可以是帝鄉但不能作帝都。另外一說是工匠在營建過程中，破壞了朱家的萬年根基，惹惱了他，還殺了不少工匠。後世則有史學家分析，真正原因是朱元璋擔心，從中都的營建中看到了鄉黨勢

力的形成，與他從臨濠一起出來打天下的「安徽老鄉」功臣觀念膨脹，對他朱氏王朝存有潛在不利，這與他以後大開殺戒，弄死所有功臣一樣，都是出於江山的考慮。

## 關中成為朱元璋最心儀之地

中都停工後，之前已有大臣建議定都宮室完備、可省民力的北京。朱元璋採信了這一點，遂定北京為「京師」，但朱元璋卻從沒有到北京去主政過朝政，也就是說從沒有在北京辦公過。洪武十一年（西元 1378 年），生性多疑的朱元璋又罷北京，恢復南京的京師地位。

但南京皇宮的「南高北低」之嚴重風水缺陷，有悖帝王居高臨下之尊，這塊心病讓朱元璋悶悶不樂，遂對南京的京師地位再起疑心。怎麼辦？於是有大臣提出了幾個方案，一是主張擇位置適中，地勢固若金湯的關中為都，二是主張擇古城洛陽為都，三是擇汴梁為都。而朱元璋一度也曾看好汴梁，還親自去了河南，考察了開封，並定之為「北京」。

但在朱元璋的心目中，最理想的定都之處卻不是開封，而是在關中，即今天陝西境內。

關中，也稱關中平原，指陝西秦嶺北麓渭河沖積平原，平均海拔約 500 公尺，又稱關中盆地，其北部為陝北黃土高原，向南則是陝南山地、秦巴山脈，農業發達，人口眾多，

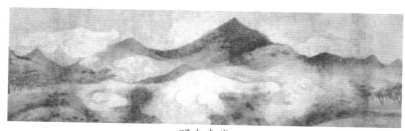

關中秦嶺

乃富庶之地，史稱「八百里秦川」。在這裏定都，才是真正的
「中國」。

　　而且，關中是中國最典型的以西安為代表的黃河流域都
城文化所在，也是中華民族的起興之鄉，炎帝、黃帝曾族居
於此。當年劉邦與項羽爭天下時，項羽稱王關中，劉邦為此
懷恨在心。所以，視劉邦為革命偶像的朱元璋，最看好這片
風水寶地。


## 太子之死讓朱元璋放棄遷都

　　洪武二十四年（西元 1391 年）著手遷都前的調研工作，
朱元璋派太子朱標赴陝西考察地理形勢。《明史‧興宗傳》專
門記錄了這件事：「（洪武）二十四年八月，敕太子巡撫陝
西……比還，獻陝西地圖，遂病。病中上言經略建都事，明
年四月丙子薨。」

　　從這段文字裏看出，朱元璋對去關中建都是真心的，也

是慎重的，不然不會讓太子親去。但就是這次「關中考察」，朱標在回京途中得了重病，回到南京後的第二天春天（明年四月）就病死了。

後世史學家認為，當年如果朱元璋建都關中，如果太子朱標沒有病死，中國的歷史肯定要改寫，朱棣後來起兵謀反，把侄子朱允炆趕出南京皇宮，是可以避免的。但歷史與朱元璋開了一個玩笑，也給中國歷史帶來一個遺憾。

朱標的病逝，使朱元璋的精神受到了沉重的打擊，深深地刺激了他。明末清初思想家、史學家顧炎武在其《天下郡國利病書·南京宮殿》描述了朱元璋當時的心情，望天長歎，「廢興有數，只得聽天。願鑒朕此心，福其子孫」。在這種情況下，朱元璋又將南京確定為京師。

## 朱元璋原本考慮定都北京

在朱元璋死後，他的定都「關中之夢」就沒有人再提起了。

1399 年，朱棣以靖難（清君側）之名義起兵，對抗建文帝的削藩行動。1402 年，朱棣從金川門攻入南京城後，建文帝朱允炆自焚（另一說出家為僧，史上一直存在爭議），朱棣奪得了皇位。但當了皇帝後，朱棣仍以南京為京師，而不是立即遷都到北京。不過，朱棣提高了北京的地位。

　　永樂元年（西元 1403 年）正月，朱棣改北平為北京，但前面加「行在」，以示與南京的區別。當時身在南京的朱棣不時北上，遣將派兵，抗擊北元的騷擾。以明史專家吳晗的觀點為代表，認為出於對北元威脅的考慮，朱棣才下定決心遷都，營建北京。

　　永樂十八年（西元 1420 年）九月，正式定都北京，從此北京就成了中國政治中心，直至現在中華人民共和國。

　　實際上，雖然朱元璋心目中認為關中最適合建首都，但最現實、最有可能的地方是北京。可是朱元璋這個人很迷信，聽信了當時翰林修撰鮑頻的話而最終作罷。

　　鮑頻認為，胡主（蒙古人）起自沙漠，立國在燕，及是百年，地氣已盡，元朝已在那裏滅亡了，大明王朝不宜再選亡國之都作為中央和宮室之所。所以，朱棣遷都北京後，對此也心存疑惑。那時元朝的殘餘勢力不斷在北方騷擾，危害邊境。有大臣分析，這是蒙古人尚殘存王氣之原因，導致他們頻頻犯上作亂。於是朱棣接納堪輿家建議，在故宮的後面（北邊）築造了一座大山——即現在的景山，進行「鎮壓」。

　　朱棣遷都北京後，並沒有改變南京的首都地位。同時下達詔令：自十九年（西元 1421 年）正月，南京、北京同為京師，但北京去「行在」二字。同時取南京各衙門印信給京師，另外鑄造南京各衙門印信，皆加「南京」二字。

　　為此朱棣專門說了一段，稱「朕荷天地祖宗之祜，繼承

大寶，統馭萬方，祗勤撫綏，夙夜無間。乃者仿成周卜洛之規，建立兩京為子孫帝王永遠之業」。這在《明太祖實錄》上有記載。

## 明中期曾欲將都城遷回南京

但在朱棣死後又出現了一個反覆。朱棣的長子朱高熾推翻了父親生前的決定。洪熙元年（1425年）三月，承繼皇位的朱高熾（仁宗）決意恢復南京為京師，並令內監王景弘等修治南京宮殿，重新要求北京諸司皆加「行在」二字，復北京行部及行後軍都督府。同年四月設北京行都察院，南北兩京官吏，互為徵調。

但朱高熾多病，只當了一年皇帝就死掉了，生前並未到南京理政過，僅派長子朱瞻基在南京打理。朱高熾為什麼要否定他老子的決定？這也是一個謎，或許是他與朱棣的父子關係不和。從史載上看，朱棣喜歡的是二子朱高煦，朱棣認為朱高熾過於文弱。而朱高煦在他奪權過程中，起了很大的作用，比較英武，於是一度想廢掉朱高熾的皇太子身分，立朱高煦。

朱高熾死後，朱瞻基繼位，年號宣德，史稱宣宗，但朱瞻基也未到南京辦公過，在北京主理朝政；宣宗死後，長子朱祁鎮繼位，年號正統，史稱英宗。正統六年（西元1441

年）八月，寧波知府鄭恪上書勸諫英宗定都京師，改號南京，被當值大臣壓下未報。

同年十一月，以重修宮殿完成，再一次去掉北京的「行在」二字，復定京師，北京的京師地位得到最終確定。這也標誌著朱元璋的「定都關中」之夢徹底破滅，他的子孫未能替他圓夢，直到 1644 年「闖王」李自成攻占北京，闖進皇宮，崇禎帝朱由檢自縊明滅。

需要注意的是，雖然明朝從此定都北京，由於是「兩京制」，南京也是首都，亦設文武諸衙門，負責江南地區的安全和租賦的徵收。不過其權力多有限制和削弱，成為「養望之所」，實為名義首都。

上述朱元璋對定都的猶豫不決，大明王朝都城反反覆覆的情況來看，遷都確是一件極為重要的「國家動作」，需要慎重再慎重，考慮再考慮，如果從地理位置、戰略及歷史文化角度看，關中確實是定都的最佳位置。

但影響遷都的因素太複雜了，真是「廢興有數，只得聽天」！

破譯中國古代帝王葬姿密碼

中國古代的葬俗很多，葬姿各異。已考古發現的葬姿有仰面直肢、曲肢、側身、俯身等，還有一種更是今人無法理解的葬姿，肢解葬。但這些都是民間使用的葬姿。帝王死後是怎麼入葬的？在明定陵發掘前，不見報導。

帝王的葬姿屬於皇家私事，秘不外傳，史無記載，是千古之謎。

## 萬曆皇帝葬姿暴露天大秘密

定陵棺槨開啟後，陵主萬曆皇帝朱翊鈞、孝端、孝靖后的葬姿赫然在目。

就考古的一般常識來說，陵墓的發掘必須要注意的，一是墓主人的屍體情況，二是可以證明墓主身分的文字，而不是金銀財寶那些陪葬品。所以，開啟梓棺一般是最後一道，也是最重要的一道考古程式，要求相當嚴格。在主要專家或是主政官員到場的情況下，才會打開棺槨。

定陵，作為一座一級帝王陵，其發掘過程也是

明神宗朱翊鈞標準像

極其小心的，參與定陵考古的專家和官員，對棺槨的開啟慎之又慎。

當時，發掘人員小心打開棺槨後，現場專家大吃一驚——

朱翊鈞屍骨放置在一條錦被上，錦被兩邊上折，蓋住屍體。屍體頭西腳東仰臥，肌肉已經腐爛，僅剩骨架。面向上，頭頂微向右偏，右臂向上彎曲，手放在頭右側，左臂下垂，略向內彎，手放在腹部。手中拿念珠一串。右腿稍彎曲，左腿直伸，兩腳向外撇開。

孝端后屍體放置在織錦妝花緞被上，被兩側上折，蓋住屍體。屍體已經腐爛，骨架頭西腳東，面向右側臥，左臂下垂，手放在腰部。右臂向下直伸。足部交疊，左足在上，右足在下。

孝靖后屍體亦放在織錦被上，被兩側上折，蓋住屍體。屍體已腐爛，僅剩骨架，腳東放置。面稍向右側臥，右臂向上彎曲，手放在頭下。左臂下垂，手放在身上腰部。

朱翊鈞和他的皇后屍體放置呈如此姿態，真乃驚世發現。

之前誰也沒有見過帝王的葬式，在現存的資料中，帝王死後屍體擺放成什麼姿態入斂，一直是秘不示人的。而根據傳統的喪葬習俗，入棺時外人都是要避諱的，即使是身邊人，也只有極少數的嫡親才能看到，因此才沒有一丁點兒這方面的文字記載。

定陵暴露了一個驚天的秘密，給考古界帶來了一個天大驚喜，這應該是定陵考古發掘的最大收穫之一。

## 下葬時棺墜地改動了葬姿？

之所以說朱翊鈞的屍骨姿態暴露出了一個天大秘密，一是帝王棺槨內屍體擺放姿勢是一個千古之謎，現在被揭開了，填補了一個歷史空白；二是因為其姿勢太怪異了，與傳統的「仰身直肢葬」完全不符，其包含的資訊也應該是深奧的。

為何朱翊鈞在棺槨內會曲肢側臥？難道被人動過？專家一直不得其解。期間由於經歷了「文化大革命」，直到2004年才有專家就此做了合理的推斷，比較合理地破解了帝王葬式密碼，引起了當年學術界的注意。

2004年3月，明清陵寢學術研討會收到了一篇關於這方面的論文。這是「明十三陵特區辦事處」專家王秀玲提交的，題目叫《試論明定陵墓

定陵的地宮

主人的葬式》。

從定陵帝、后骨架情況看，三人葬式稍異，顯然不像普通人的葬式。

根據其骨架：頭部均為向右側臥，左手都放於腰部。右手，朱翊鈞和孝靖后向上彎曲，放於頭部，孝端后為下垂式。腿部，朱翊鈞右腿彎曲，左腿直伸，孝靖后兩腿彎曲，孝端后兩腿平放足部交叉。王秀玲推斷，朱翊鈞的原葬姿勢應為罕見的「側臥式」。

孝靖后骨架情況應與原葬式相似，而朱翊鈞與孝端后則可能有出入。因為人死後入葬，不可能故意擺成一腿彎曲一腿直伸狀。顯然，朱翊鈞的葬式不是原狀。孝端后雖是兩腿平放，但其頭部向右側臥，脊椎亦向右側彎曲，兩腿平放與其不相符。其原狀應為側臥式。朱翊鈞頭部、脊椎情況與孝端后相類似。

再者，屍體如果平放，一般晃動也不會有大變動，只有側臥式，碰撞時易變形。如果向右側臥，必然倒向左側，所以朱翊鈞左腿直伸。孝端后左足壓右足，根據兩人骨架情況分析，原葬式應為向右側臥。而朱翊鈞應為雙腿彎曲式，只是因為晃動和碰撞而改變了原葬姿式。

孝端后的右臂下垂姿式尚待研究，如果原葬式是下垂式，一般情況下，手臂應貼近身體。孝端后的右臂是向外撇，如與朱翊鈞和孝靖后一樣放於頭部，因碰撞右臂發生變

化，就有可能是現在的姿式。

根據史書上當年朱翊鈞下葬時的文字記載，原葬式確實可能變動過。

當時，棺槨是從百里之遙的京城靠人工抬運到山陵，沿途顛簸。《泰昌實錄》記載，葬朱翊鈞及孝端皇后時（孝靖皇后比朱翊鈞早逝九年，已入葬於天壽山東井平崗地）僅抬杠軍夫多達八千六百人。一路上繩索常有損壞，不斷更換。棺槨到鞏華城時（今沙河），抬棺槨的木杠有斷裂聲，右邊一角曾墜地。如此這般，可以想像屍體姿式有變化是完全可能的。

## 怪異葬姿系「七斗星葬式」

根據現有的考古發掘發現，中國古代土葬時屍體擺放方式，一般有仰身直肢葬、曲肢葬、俯身葬等姿態。1973年，在偃師二里頭夏朝遺址還發現了跪姿葬式，人架骨作跪伏狀，向西，面朝下。跪姿葬極為少見，而朱翊鈞的「側臥式」葬姿，則是罕見，至今不見類似帝王葬制方面的文字紀錄。

皇帝死後，何為要讓人把自己的屍體弄成這樣？王秀玲大膽推斷，此乃為「七斗星葬式」，皇帝的葬式密碼一下子被破譯了。

原來，從骨架情況看，身體側臥，雙腿微曲如睡眠狀，其形極像天上的北斗七星。

明孝陵航拍照片

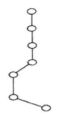

自然界的北斗七星示意圖

過去，「北斗七星」被認為是極星，指向正北，位於天空中心。在星宿中屬紫微垣。宋代鄭樵《通志》稱紫微、太微、天市為三垣，三垣指的是三個星區。紫微垣是以北斗星為中心與周圍各星組成的星區。

古人常以星象變化預測人事吉凶，將三垣同人世對應起來，紫微垣對應的是人間帝王，是帝星所在。所以極星北斗又被認為是天帝居住的地方。明代文人、藏書家郎瑛在其《七修類稿・天文類》一書中稱，「天子之居，謂之紫宸」。

實際上，明朝皇帝這種「天象觀」並非特有，在世界範圍內都存在。如古埃及帝王認為，他們死亡也會「升天」，但居住地與中國古代帝王的方位有區別，處於獵戶星座。獵戶座在古埃及被奉為神靈，叫「俄塞利斯」神，掌管冥界。所以，古埃及法老死後所建陵墓（金字塔）的布局與獵戶星座

對應，將尼羅河當成天上的「銀河」。

如處於尼羅河兩岸沙漠之上吉薩地區最大、保存最完好的胡夫金字塔、海夫拉金字塔和門卡烏拉金字塔三座，建造於西元前 2600 年至西元前 2500 年，正好與當時的獵戶座的腰帶星相對應，代表了獵戶座三顆斜著排列的星星。從胡夫金字塔內新發現的甬道內，正好能看到當時的獵戶座。明皇「北斗七星葬式」，也是考慮了天象。

封建帝王也一直認為自己是上天派到人間的主宰，故過去都稱皇帝為「真龍天子」，信奉「君權天授」、「天人合一」的思想，視皇位為「天位」，皇帝死了，就是「升天」。所以，依照這樣的觀念，朱翊鈞怪異的葬式之謎就真相大白了。


## 帝王葬姿源於風水理論？

帝王怪異的葬姿，還可能與風水說有關。

過去風水家認為，北斗七星具有避邪功效，其奧秘在於它的形狀恰為一個巨大的聚氣的 S 形。古代研究氣場是以不動的恆星為準，具體說要與北斗七星聯繫在一起，七個星代表七種場。

風水的核心古代稱之為氣，氣的運動形式，按古代河圖數字的表示則為順時針左旋氣場及 S 形氣場。再結合皇帝選陵址，要選能「聚氣藏風」的地方，選擇標準是山環水抱。

因山環水抱必有氣。在風水學中，用「曲則有情」來形容水和路的吉祥。山脈的起伏呈 S 形，河流則更明顯，總是彎延曲折。

《水龍經‧論形局》中說：「水見三彎，福壽安閒，屈曲宋朝，榮華富饒。」指的是一條水連續出現三個「S」型，則是好氣場。

皇帝入葬地宮，從隧道門經明樓後進入地宮，其路線也是 S 形。按照「事死如事生」的觀念去分析，皇帝死後，也需要聚氣。這種 S 形葬式取其能夠「聚氣」，有了生氣，就有了萬物，預示著子孫萬代繁延旺盛。

依此而論，朱翊鈞和皇后的怪異葬式源於天象不無道理。

## 釋迦牟尼「涅槃」影響中國皇帝

還有一種說法，朱翊鈞的怪異葬姿與天象與風水均無關係，而是緣於釋迦牟尼「涅槃」的姿式。理由是，朱翊鈞生前是虔誠的傳教徒。

這在王秀玲的論文也提到了——

根據《大乘起信論》中所載釋迦「八相成道」中第八「涅槃」的姿式，佛祖釋迦牟尼八十歲時，自知陽壽將盡，便最後從王舍城出發，作一次巡行。在弟子阿難的陪同下，走到離摩羅國首都拘屍那迦（Kusnagara）不遠的一個村莊波發

（Pava）附近，在村外希尼亞瓦提河西岸的兩株莎羅樹（Sala）下，頭朝北，面向西，右手支頭，左手放置身上，雙足合併，作側臥姿式進入涅槃。

朱翊鈞和兩位皇后的屍體姿勢，極像釋迦牟尼「涅槃」的姿式。

朱翊鈞及其皇后，在生前非常信仰佛教，認為信仰佛教有助於「護國佑民」。萬曆十八年（西元 1590 年），在賜與萬佛寺經書的教諭中指出「聯惟佛氏之教，具在經典，用以化導善類，覺悟群迷，於護國佑民，不為無助」。又要求寺內僧眾，「爾寺務須莊嚴持詠，尊奉珍藏，不許諸色人故行褻玩，致有遺失損壞，特賜護持，以垂永久」。

定陵出土實物也可充分證明朱翊鈞是一個十足的佛教徒。

據考古報告，在帝、后服飾上就有不少佛教內容的紋飾，如經文，孝靖后屍體最上層覆蓋的是一床「經被」；上面有朱書經文，字跡已模糊。但中部的「南無阿彌」四字和右下部的「華嚴」二字均能看出。在朱翊鈞的棺內有一件「紅八寶紋暗花緞緙絲盤龍佛字方補交領夾龍袍」，其前後胸方補內為正面龍戲珠，龍首頂部緙一金「佛」字。

孝端后棺內有一件「黃串枝花卉童子攀藤暗花緞繡佛字方補方領女夾衣」，方補內飾「佛」字，佛字下部飾蓮花紋；背部在「佛」字上下兩側各繡一鳳。所謂「八吉祥」，即指輪、螺、傘、蓋、花、罐、魚、盤長八種圖案，八吉祥也稱

「佛八寶」。最有說服力的是，朱翊鈞手中還拿有一串佛珠，由此可以想像他信佛的程度。不僅生前信，而且死後仍念念不忘。專家認為，他怪異的葬式是仿釋迦牟尼涅槃的姿勢。

朱翊鈞的怪異葬式到底是源於天象，還是源於佛教，目前學術界沒有定論。

根據其陵墓北斗七星狀布局，源於天象的說法理由更充分一些。20 世紀 90 年代，南京中山陵園管理局組織專家，對南京明孝陵進行考古勘測，使用了飛機航拍技術，專家驚訝地發現，大明王朝開國皇帝朱元璋的陵區布局竟然是「北斗七星」布局，這事曾引起極大轟動。

這或許給朱翊鈞的怪異葬式，提供了一個佐證。有專家大膽推測，認為朱元璋也是這樣的葬姿；不僅朱元璋、朱翊鈞是這樣，明朝其他皇帝也是這樣的「七斗星葬式」。由於沒有更好的考古發掘，這種推測也僅僅是推測。

更大的問題是，就算朱姓明朝皇帝是這樣的葬姿，秦、漢、唐、宋帝王的葬姿是這樣嗎？目前此仍是一道無法破譯的密碼。

大唐首陵卜選和規制暗藏玄機

「關中十八陵」，指的是大唐王朝的十八座帝王陵寢。

「十八陵」的首陵，為開國皇帝李淵的獻陵。但與太宗李世民的昭陵、高宗李治與武則天的合葬陵乾陵相比，不僅規模和氣勢不能相提並論，從中國古代風水寶地要義上來講，似乎也有不少缺點。

史載，獻陵是在李淵死後，兒子李世民為其卜地營建的。那麼，為什麼李世民要厚自薄父，對開國皇帝的葬地處理草率？是他「缺心眼」？史學界公認為，李世民是在武德九年六月四日（西元 626 年 7 月 5 日）通過「玄武門兵變」，逼李淵「辭職」，奪得帝位的，難道此舉不怕臣民罵他為子不孝，為君不尊？裏面是否暗藏什麼玄機？

## 李淵稱帝前家族顯赫

在古代人們認為，能當上皇帝的，不是因為祖上葬到了風水寶地，接得龍脈，就是有高貴的血統和非凡相貌，即所謂的天子命。李氏家族確實顯赫，據《新唐書·高祖本紀》載：

> 高祖神堯大聖大光孝皇帝諱淵，字叔德，姓李氏，隴西成紀人也。其七世祖皓，當晉末，據秦、涼以自王，是為涼武昭王。

這裏的「七世祖皓」，即西元 4 世紀至 5 世紀出現的「十六國時期」西涼國的第一任皇帝李皓（《舊唐書》等史料亦稱李暠）。如果再往前追溯，李皓的先祖則是漢武帝時期的抗擊匈奴名將李廣。可見李氏家族開創大唐王朝，並非三日之寒，一夜成冰的，是有「龍的基因」的，與劉姓漢朝、朱姓明朝的「暴發富」式完全不同。

李淵稱帝前，也非平民百姓，而是世襲唐國公，任太原留守，是隋的朝中重臣，深得荒淫帝王煬帝楊廣的青睞和信任，去太原就是楊廣本人的委派。而太原一帶，在西周時為古唐國，這在冥冥之中暗合了一種運數，可能這是楊廣當年沒有想到的。

這裏面還有一個原因，就是李淵與楊廣是姨表兄弟關係，即楊廣的母親是李淵的姨媽，李淵是皇親國戚

中國歷史上第一位太上皇是唐高祖李淵

的關係。西元 6 世紀有一個貴族豪門，主人叫獨孤信。獨孤信有三個女兒先後嫁入豪門。長女為北朝開國皇帝、明帝宇文泰的皇后；第七個女兒為隋朝開國皇帝、文帝楊堅的皇后；第四個女兒嫁給了北周唐國公李虎的兒子李昞做媳婦，李昞就是李淵的父親。

正是因為這種錯綜複雜的「親戚關係」，導致皇權如擊鼓傳花般地不停運動，在三家之間交易。真可謂江山就一個，皇帝輪流做。楊堅以國丈身分，立年僅七歲的外孫宇文闡為皇帝（史稱靜帝），次年即逼其禪位，代周稱帝，於大定元年（西元 581 年）二月建立隋朝。

## 卜師測李淵「骨相非凡」

李淵深諳取位之道，熟知玄機，在隋煬帝楊廣被叛將宇文化及等人圍於江都（今揚州市）後，於大業十三年（西元 617 年），帶著兒子李建成、李世民等攻入長安，假情假義，裝模作樣，遙遵楊廣為太上皇，扶年僅十三歲的姨侄孫（煬帝楊廣之孫）楊侑為帝（史稱恭帝），次年（西元 618 年）五月廢楊侑，以唐代隋，一朝盛世大唐王朝誕生了。

李淵除了做過太原留守，還做過譙州（今安徽亳州市）、隴州（今陝西省隴縣）、岐州（今陝西省寶雞市）等地的刺史。據說早有人通過看李淵的面相，預測李淵能當皇帝。傳

說，當時有一個叫史世良的人，精通相面之術。有一天，看到李淵後，十分驚訝，告訴李淵，你的五官不同於常人，骨相非凡，命中註定應該當皇帝的。聽了史世良的話，李淵信以為真，從此精神大振，欲大展宏圖，後來果然應驗。此事不足信，但《舊唐書·高祖本紀》卻記載了：

> 有史世良者，善相人，謂高祖曰：「公骨法非常，必為人主，願自愛，勿忘鄙言。」高祖頗以自負。

## 隋煬帝為「滅天子氣」枉殺李姓

這個傳說，在隋末時已在宮廷和民間流傳和蔓延。《資治通鑑·煬皇帝》（卷第 182）中有這樣的話，「今人人皆云楊氏當滅，李氏將興」。當時，就有善看星象的術士啟奏楊廣，稱在龍門地區發現「天子氣」，並由龍門向東發展至太原地區。

皇帝很少有不迷信的，楊廣亦然。

於是他學起了秦始皇嬴政東巡泰山、鑿秦淮河鞭方山，斷東南天子氣的舉動，也「東巡」、「西巡」幾番。並在山西置「離宮」，讓自己的「真龍」之身現於不祥之域，以鎮壓之。大業十一年，楊廣即多次到過這些地方，《資治通鑑》記載，「己酉，帝行幸太原；夏，四月，幸汾陽宮避暑。」楊廣

這些舉動可不是去休閒的，帶有很強的目的。

後來，又有一位名叫安伽的方士向楊廣進言，稱「李氏將為天子」，勸說楊廣將天下姓李的斬盡殺絕。天下姓李的人何其多？由於區域上不是很具體，楊廣只好「寧可錯殺一千，也不放過一個」，將身邊可能對自己構成威脅的李姓高官，一個一個地找理由除掉。首個遭誅的就是李渾一家，卻殺錯了。

李渾家族為隋朝的開國功臣，時任右驍衛大將軍，握有重兵權。楊廣先懷疑李渾的兒子李敏應了讖語，當面囑他自殺了事。李敏被嚇得半死，回家找老爸商量應付。這事讓一個叫裴仁基的大臣知道了，密報李渾要謀反，結果李渾及其宗族三十二人被誅殺。李敏的妻子幾個月後也被毒死了。

後來的唐貞觀年間，也有術士進言李世民，稱他的後宮將有「武氏代李」，李世民也如法炮製，將後宮武氏之人都殺了，卻偏偏漏了後來當了女皇奪了李家江山的武媚娘。楊廣也弄錯了對象，冤殺了好多姓李官員，卻獨獨把他的姨兄弟、且是最危險的李淵一家給放過了。

## 李淵「阿婆臉」暗合「大唐」

推測原因，一是李淵當年為人低調，不時向楊廣告密別人，被楊廣視為心腹；二是畢竟是親戚嘛。再者，雖然相面

先生說李淵有天子相，但在常人看來，其貌不揚，一臉的皺紋，像個老太婆。

在楊廣眼裏，李淵確非帝王之相，不過是個太原留守罷了。據說，有一次楊廣看到李淵的臉上皺紋多多，戲稱他是「阿婆臉」。為此，李淵悶悶不樂。其妻竇氏問了原委，心中竊喜，告訴夫君，楊廣之語乃是上上吉言，「阿婆臉」是「堂主」，「堂」即「唐」也，李家世襲唐國公，預示李家要做主，當皇帝了。

李淵聽這麼一解釋，也不再為滿臉皺紋而自卑了。實際上，楊廣看錯了，海水不可斗量，人真的是不可貌相，何況李淵有李建成、李世民這些如龍似虎的兒子？從政壇的歷史經驗來看，最危險的人往往有兩類，一類是親戚朋友，二類是身邊不起眼的人。李淵這兩條全符合了，但楊廣的「鎮壓天子氣」計畫卻徒勞了。

## 兒子李世民殺「太子黨」篡位

讓李淵沒有想到的是，他從楊堅身上學到的帝王之道，也讓自己的兒子、次子李世民掌握了。慶幸的是，天下還姓李，肥水未流外人田。通過「玄武門兵變」，李世民在將包括太子李建成、四弟齊王李元吉的一班「太子黨」全殺死後，如願獲得了大唐法定承繼者地位，被李淵立為太子，獲實際

執政權力。李淵看到這種情況，被迫提出「辭職」，改當太上皇。

史書還記載了一件事，李世民被立為新太子後，出現了異常天象，在古代被星象家視為神秘的「太白星」（從地球上看到的最明亮的一顆行星，古人將黎明前在東方天空中出現的一顆明星叫「啟明星」或太白星，把黃昏時分西邊天空中的一顆明星叫長庚星，後來證實，這是同一顆行星，即金星）很亮很亮，在大白天都可以觀察到，「太白晝見」。

那一年還出現了日食，當時術士便認為新主將現。果然，武德九年（西元 626 年）八月，李淵正式下詔，禪位於兒子。次年，李世民改年號貞觀，「貞觀之治」由此而來。

## 大唐開國皇帝生前如囚犯

作為中國古代盛世王朝的開國之君，李淵的貢獻自然是最大的，他具有豐富的軍事才能，在戰場上把自己的幾個兒子發揮得淋漓盡致，沒有這班「虎子」，就沒有李家天下。但執政才能與李世民相比，李淵顯然是遜色的，未能如魚得水。

李淵當了太上皇後，在外人看來仍過著悠閒的帝王生活，內裏實際上被嚴格地限制了人身自由，徙居弘義宮，無異於在押犯人。對於李淵太上皇生活的記載，《舊唐書》比為後世史家稱道的《新唐書》著墨要多——

（武德）九年（西元 635 年）五月庚子，高祖大漸，
下詔：「既殯之後，皇帝宜於別所視軍國大事。其服輕
重，悉從漢制，以日易月。園陵制度，務從儉約。」是
日，崩於太安宮之垂拱前殿，年七十。群臣上諡曰大武
皇帝，廟號高祖。十月庚寅，葬於獻陵。

這裏要交代的是，李淵死亡原因史學界多有懷疑，有學
者認為其是李世民謀害的，屬非正常死亡，而不是病死。

## 大唐帝王陵哪座風水最好

獻陵位於渭北高原上的徐木原（今陝西三原縣境內）。徐
木原在唐代，又稱為萬壽原，有的史料也稱是白鹿原。徐木
原屬呂梁山的支脈北山山脈，屬中國古代堪輿家眼裏「三條
大龍」裏最重要的「北龍」中的一條支龍。但徐木原的海拔
只有五百公尺，與昭陵所在九嵕山的千米海拔相比，自然是
沒有氣勢的。

不過，徐木原雖然地勢平坦，視野還是相當開闊的，遠
望長安，心悅神怡。考古資料顯示，獻陵位於徐木原的正
中，陵西側四公里處有第十一代孫武宗李炎的端陵，再往西
六‧五公里處有武宗李炎的長兄、唐敬宗李湛的莊陵。史
載，獻陵這塊風水寶地，為太宗李世民卜選敲定的。

中國古代的風水寶地，不同時期有不同的表述，但「藏風得水」，是每一塊風水寶地的基本特徵。風水風水，關鍵要有「水」，而且水的流向要曲曲折折，回首留情，不能直來直去，否則下賤無比；對周圍的地勢、山形，則要求「左青龍，右白虎，前朱雀，後玄武」，即所謂「四靈說」。

實地觀察的方法是，「玄武低首，朱雀翔舞，青龍蜿蜒，白虎溫馴」。對照此標準，李世民為李淵卜選的葬地徐木原並非是一塊完美的萬年吉壤，風水上的「缺點」明顯。

關中多寶地，但卻多為前人所占。由於西漢帝王陵已將渭北高原靠近渭河、最得「水」的地方先占用了，所以，大唐帝王只能往漢陵以北的區域卜選，不然根據「葬者宜在國都之北」的原則，就沒有位置了。在當時袁天罡、李淳風、楊筠松等風水大師的指點和探尋下，十八陵全部位於漢帝陵之北的第二道高原上。

自乾縣至蒲城，東西綿互近三百里。據陝西當地的考古專家考證，摸清了分布情況，自西而東依次為：高宗與武則天合葬的乾陵、僖宗李儇的靖陵、肅宗李亨的建陵、太宗李世民的昭陵、宣宗李忱的貞陵、德宗李適的崇陵、敬宗李湛的莊陵、武宗李炎的端陵，高祖李淵的獻陵；莊陵、獻陵一線以北自西而東為懿宗李漼的簡陵、代宗李豫的元陵，文宗李昂的章陵、中宗李顯的定陵、順宗李誦的豐度、睿宗李旦的橋陵、憲宗李純的景陵、穆宗李恒的光陵、玄宗李隆基的

泰陵。

從十八陵的分布情況來看，顯得雜亂無章、位序混亂，如高宗李治與武則天的合葬陵乾陵，就曾受到指責，被認為亂了風水位序，在祖宗的頭上「撒尿」，沒有明清帝王陵那麼講究、嚴謹，唐陵多依帝王個人的喜愛、命運而定，講究個性，這明顯不符合之後越來越成熟、細膩的風水倫理。

如果從中國古代的風水理論上來判斷，十八陵中，風水最好的要數李世民的昭陵和位於武將山李亨的建陵，有涇河、汧河相繞。李治與武則天的乾陵，則呈女性特徵，陰氣太重，屬風水寶地中的另類。

## 大唐首陵與漢太上皇成「鄰居」

開國皇帝的陵寢，每朝都是很重視的，因為首陵的風水最為重要，蔭佑子孫，可保龍脈不斷，王氣旺盛不洩。但大唐的首陵卻是個例外，李淵的獻陵比較簡單，風水粗糙，這也成為後世指責李世民的理由之一。

但大唐這座首陵裏面卻暗藏玄機，從選址到規制，李世民都應該是費了一番心思的，此舉不是沒有因由的。李世民為什麼將父親的萬年兆域卜選在徐木原？據說，是李世民有意讓李淵與劉邦的父親做鄰居。

李世民時將自己與大漢王朝的開國皇帝劉邦相比，而劉

唐獻陵

邦的父親叫劉煓，原來也曾被封為太上皇。劉煓的陵寢，書上記載叫「萬年陵」，位於獻陵東七‧五公里處。既然都是太上皇，其歷史地位是相當的，所以李世民將其父葬於萬年陵西側的徐木原上。

但李世民在卜地時，還是多留一個心眼，將李淵的地位「抬高」了一點，徐木原海拔五百公尺，而劉煓陵所在地為四百五十公尺，從形勢上看，矮了不少。

也有史學家認為，葬徐木原與劉煓為鄰，可能有李淵自己的意思。李淵死時是七十歲，時當太上皇已有九年。在過去，人生七十古來稀，「玄武門兵變」時李淵六十一歲，也是高壽了，他生前肯定考慮過自己的後事。可見，徐木原的陵址，李淵生前至少應該是知道的。

## 陵前石刻銘文洩露皇家秘密

20 世紀 50 年代，新中國考古專家曾在獻陵前著名石刻石虎東側發現了「武德十年九月十一日石匠小湯二記」的銘文，這裏又有玄機。有學者認為，這是工匠當時誤刻。但這理由站不住腳，如果真是誤刻，那工匠還能活？不被砍頭，也要受刑罰。

另有學者認為，這是獻陵在李淵在位時，至少生前即著手營建的證據。而且，從銘文中甚至可以推測，李淵是沒有料到自己會被兒子趕下寶座的，工匠這才提前刻上了年號，所以才有「武德十年」的出現。而實際上，歷史上的這一年史書是「貞觀元年」，皇帝是李世民。但這行銘文為什麼能留存下來，裏面的玄機到底有多深，至今未解。

唐帝陵的一大特徵是「依山為陵」，開創了中國古代帝王陵寢的新規制。十八座陵寢中有十四座是這種類

《落霞孤鶩圖》（唐寅）

型。但作為首陵的獻陵卻是秦漢時期帝王陵舊有規制，平地起塚，「封土為陵」，呈覆斗狀，這很特別。除了獻陵外，敬宗李湛的莊陵、武宗李炎的端陵、僖宗李儇的靖陵，也是遵李淵的獻陵規制而建。

相對於「依山為陵」，封土為陵除氣勢較弱，欠雄偉外，造價也較低，防盜效果差。李世民為什麼要這樣處理？他的最充分理由是依李淵的遺詔，「其服輕重，悉從漢制，以日易月。園陵制度，務從儉約。」

但，西漢帝王陵的營造都是費了鉅資的，封土很高，顯出高大壯闊的氣勢，號稱「山陵」。漢高祖劉邦的長陵封土堆高九丈，漢武帝劉徹的茂陵甚至高達十四丈，而李淵的獻陵史載只有六丈。既然李淵自己說「悉從漢制」，李世民為什麼還要「縮水」？

## 李世民葬父留下的歷史玄機

史載，在李淵死後，李世民迅速做出了反應，當即表示遵從父親的遺詔，以劉邦的長陵為模本，厚葬父親，為李淵營建一座豪華的陵寢。根據一般帝王的思維和古人厚尊死者的觀念，李世民這樣做是合乎封建禮制的。

但當時有大臣提出反對，理由是，漢天子即位一年即考慮營建壽宮，像樣的陵寢，最短的也花了十年時間，像茂

陵，前後營建長達五十年。所以，如果在短時間內，建造一座「漢版唐陵」有很大難度，而且不符合李淵生前「喪事從儉」的節約原則。

反對李世民決定的代表人物是時為祕書監的大書法家虞世南，曾兩次上書，表示獻陵宜依古周制，封土三丈即可。李世民左右為難，便將此事拿到朝廷上，請宰相房玄齡等重臣復議。在群臣意見一致的情況下，李世民改變了厚葬的初衷，但三丈太矮了，決定仍遵漢制築陵。不過，此「漢」非彼漢，而是東漢。與西漢相對，東漢的帝王陵要簡單多了。東漢第一君、光武帝劉秀的原陵，封土堆高才六丈。獻陵最後就是依原陵的規制建成的，此規制屬折中方案。自動土，四個月後獻陵即建成，葬下。速度之快，時間之短，頗少見。

史書上記載的這段關於獻陵規制爭議，同樣也有玄機。依我看，不過是李世民「薄葬」李淵的一個藉口，有理由懷疑其是有意讓虞世南、房玄齡挑頭反對自己的。自古皇帝是金口玉言，話出口了，哪有輕易改變之理，何況在這麼重大重要的工程上？

後來為自己營建昭陵時興師動眾，開鑿九嵕山，證明李世民當初葬父時不是「缺心眼」，而是多了一個心眼，把最好的一塊風水寶地九嵕山留給了自己和皇后。而且，將「依山為陵」的規制放到建設自己的昭陵上，首創帝王陵寢新規制，政績之外還可添一份歷史貢獻，李世民心裏對此應該很

清楚的。

李世民在建好獻陵地宮後，又以神道為主軸，在地面上為獻陵築起內外城，設有很大的陵園，有寢宮、獻殿等地面建築。內城方圓約一里，以青龍、朱雀、白虎、玄武命名四門。令人痛惜的是，大唐這座首陵卻在唐後期農民起義中讓農民軍出於破壞李姓龍脈，發洩對大唐的不滿，給焚毀了，具體時間是憲宗李恒執政的元和十年（西元 815 年）十一月。

# 武則天乾陵壞大唐國運之謎

武則天在位時對唐朝的影響是相當巨大的。而她與丈夫、高宗李治的合葬墓乾陵，對國運的影響，堪輿家認為，也不可小視。

## 乾陵陵址是風水專家選出來的

乾陵位於今天乾縣城北六公里的梁山上，距西安一百六十里，與九嵕山、金粟山、嵯峨山、堯山等山脈遙相呼應。與昭陵陵址是李世民自選九嵕山不同，據說乾陵的擇選是很專業的，由當時掌管大唐陰陽和天文曆法的太史令李淳風敲定。

唐時人才很多，在社會上宮廷中都很活躍，李淳風為中國古代著名的天文學家、數學家，傳世作品有《推背圖》、《甲子元曆》、《乙巳占》等。另外一位就是參與為李世民卜選寶地的袁天罡。袁天罡是占卜高手，與李淳風一樣，預測沒有不準的，是當時的神人。

用今天的話來講，他們都是當時的學術權威、社會精英。李治為李世民第九子，長孫皇后所生，因李承乾被廢得位，於西元 649 年登基。當了皇帝後不久，根據慣例，李治就派袁、李二人「旅遊」看風景去了，為他選風水寶地。

據說，袁、李二人跑了不少地方。袁天罡來到關中後，一次於子時觀天象，發現山間有一團紫氣升起，直沖北斗。

紫氣出現是一種吉兆，順著這團紫氣，袁天罡找到了這塊地方，並在地裏埋了一枚銅錢作記。

李淳風後來也找到了這個地方，但他從地理學的角度探求風水，發現梁山二峰東西相對，遠觀貌似女性的一雙美乳；縱觀全局，整個陵區所在就如一個熟睡之中的貴婦人，妙不可言，貴若天尊。李當時即以身影取子午，以碎石擺八卦，將定針插入算定的地方作記。

李治得報後，便讓舅舅長孫無忌前去察看，再作定奪。不可思議的一幕出現了，長孫無忌尋到袁、李二人作記的地方時，驚得目瞪口呆，李淳風的定針正好插在袁天罡的方形銅錢眼中。

## 袁天罡預言武姓女人將侵犯大唐

乾陵所在的梁山因地貌酷似女性的一雙美乳，當地人又

位於梁山主峰的乾陵，地貌如睡婦人，雙乳凸現

稱「乳頭山」。此山近看奇偉，遠觀則低平，袁天罡認為陰氣太重，弄不好李家的龍脈會讓一個女人所傷，壞掉大唐的千秋好事。

袁天罡的理由似乎很充分，梁山在九嵕山的西面，而大唐的龍脈在其東，他認為已葬入李世民的昭陵所在的九嵕山為大唐龍首。按堪輿術中的風水位序說和傳統的「昭穆」葬制，兒子李治應該葬在老子的下首，從下方的金粟山、嵯峨山、堯山一帶擇選，現在一個婦人卻「騎」在李姓男人的頭上。

從風水寶地的格局上講，梁山東西兩面環水，藏風聚氣，秦始皇嬴政、漢武帝劉徹都曾鍾情於梁山，不可謂不是風水寶地。當時的風水先生也都承認這一點，據說，梁山乃從前周代龍脈之餘韻，百姓人家擇得此地，可保三代富貴發達，但對大唐來說，三代就太短了。而且，梁山所在風水與昭陵互不呼應，王氣欠缺和諧，恐怕三代後國運受阻，因此打折。

長孫無忌和李淳風稱是萬年吉壤，袁天罡的意思則是「葬不宜」，面對截然相反的說法，李治一時也拿不定主意。昭儀武則天聽說後心中竊喜，袁天罡曾算過有武姓女人要侵犯大唐，據說李世民為此殺了不少武姓之人。

更玄乎的是，袁天罡當年曾給冒充男孩的武則天看過面相，稱「若為女，當為天下主」。梁山風水格局不正好暗預她

的命象？於是武則天力勸李治不要猶豫，聽舅舅長孫無忌的話沒錯，梁山陵址就這麼定下來了。袁天罡知道皇帝的金口玉言難再收回，當時長歎「代唐者，必武昭儀」，此後果然應驗。

## 命名「乾陵」壓婦人陰氣

但對袁天罡的分析，長孫無忌心裏也犯嘀咕，陵寢建成後想從名字上找點平衡。時有大臣建議陵名定為「承陵」，取承繼父親李世民昭陵龍脈之意。長孫無忌則根據梁山位於西北，易理上屬「乾」特別建議叫「乾陵」。不是說梁山陰氣重嗎，乾屬陽，為上；坤位下，屬陰，卦義為順──「陰陽相合定乾坤」，李治心中方釋然，乾陵名定。

很明顯，上述民間關於乾陵擇址上的傳說是一種附會。僅以陵號來說，就不可信。實際上，乾陵的名稱是根據李治死後的諡號而來，由武則天欽定。

李治諡號「高宗天皇大聖大弘孝皇帝」。乾陵中的「乾」，取諡號中「天」之意；《周易》中，乾卦為「天」卦，各爻取龍為象。另外，武則天死後諡「則天順（大）聖皇后」（「武則天」一名由此而來），也有一個「天」字，定名乾陵合正理。

## 乾陵址實為武則天敲定

宋代歐陽修、宋祁等編寫的《新唐書》記載，西元684年，「山陵（乾陵）穿復必資徒役，率羸弊之眾，興數萬之軍，調發近畿，督扶稚老，鑱山背石，驅以就功」。李治生於貞觀二年（西元628年），弘道元年（西元683年）十二月病死於東都洛陽，時年五十六歲。李治二十二歲那年當了皇帝，在位長達三十五年。

如果真如民間所言即位不久就擇定了梁山這塊風水寶地，那也不會在死後由武則天來匆匆建陵，所以此陵址應為武則天挑選的。據記載，負責這項工程的「山陵史」是吏部尚書韋待價，為了趕工期，前後共動用了二十餘萬勞力，晝天白夜幹，三百天後完成了主體工程。

李治初繼位是頗有一番雄心的，但他後來患了頭暈症，「風眩頭重，目不能視」，只好讓聰明能幹的武則天助理各項事務，權力欲極強的武則天藉機控制朝政，形成朝中「二聖」局面。

五代時官修的《舊唐書》記載，李治臨終前留下遺囑，「天地神若延吾一兩月之命，得還長安，死亦無恨。」說了這話的當天夜裏就死了，為了節省開支，遺詔就葬在東都洛陽附近，「陵園制度，務從節儉。軍國大事有不決者，取天后（武則天）處分」。

文明元年，即西元 684 年五月，武則天命睿宗李旦護李治梓棺回長安。同年八月葬入趕出來的乾陵內，並以鐵水將地宮封死。之後，武則天又花費鉅資，進行了二十餘年的大規模營造，增添了大量的附屬建築。

## 武則天亂了後宮再亂風水

武則天為何要把李治運回葬長安？時稱是為了還李治死後回到李淵、李世民身邊的心願，但這樣的解釋太簡單了。李治死後，實際上有不少朝臣反對武則天此舉，如時在朝廷中供職、受到武則天青睞的文人陳子昂就建議將李治葬於東都。

女皇武則天

但武則天一意孤行，傳說就是風水先生所謂的梁山風水利於女人的原因，這才將李治歸葬在梁山上。但到底武則天當時的真實想法是什麼，這就不得而知了，也已成了一道歷史之謎。

武則天本名武照，稱帝後改為武曌，是中國歷史上唯一正式有國號（「周」）、

年號（先後有「光宅」、「永昌」、「神龍」等十八個年號）的女皇帝。在這之前其實還有一位女皇，就是西漢時劉邦的皇后呂雉，但因為呂雉沒有國號、年號，在位僅九年，所以史書編修時沒有承認。

客觀上講，武則天當皇帝並沒有什麼不妥，她很有作為，如重視人才，開創「科舉」，就是她的一大政績。可以說大唐的持續強盛、穩定，有這個女人的功勞。但武則天最大的問題是「亂」，這是為封建朝代所不能容忍的。

一是性亂，再是「亂」了大唐風水。

過去，風水先生認為她真正壞事的「亂」，是動了大唐的龍脈，壞在風水！除了上面說的擇址在李世民的昭陵西側，「風水位序」錯亂外，還因為在李治入葬二十三年後，重啟乾陵地宮一事。

根據封建帝王喪葬規制，皇后先死，皇帝可以開啟地宮歸葬；而如果皇帝先死，則將地宮封死，以後別人再不得擾動，即「尊者先葬，卑者不宜動尊者而後葬入」，只能在陵附近擇址另建。

如清朝咸豐皇帝奕　的皇后慈安、後來貴為大清老佛爺的慈禧，就是因為死於咸豐之後，未能歸葬咸豐的定陵，而是擇址另建。

西元 684 年八月，李治葬入後用鐵水把地宮封死，就是這原因。可「位卑」的武則天要「亂」就亂到底，「亂」到要

害上，偏偏要掘開「歸陵」。

## 武則天執意「歸陵」引出問題

　　載初元年（西元 690 年），武則天廢了睿宗、自己的兒子李旦，自稱「聖神皇帝」，改國號「周」，定都洛陽。神龍元年（西元 705 年）正月，宰相張柬之等乘武則天病重發動政變，擁立李顯復位，是為中宗。

　　當年十一月，當了十六年皇帝的武則天病死於洛陽，終年八十二歲（也是中國古代帝王中少有的高壽皇帝之一）。她自知篡位罪過深重，臨終遺囑，「祔廟、歸陵、令去帝號，稱則天大（順）聖皇后。」次年五月，由李顯親自護送梓棺回長安，三個月後與李治合葬乾陵。

　　對於武則天留下的「歸陵」遺囑，在朝中引起了很大的爭議。當時就認為「以卑動尊」會動了龍氣，傷及大唐國運，武則天的遺囑不妥，建議李顯為大唐的長治久安考慮，在乾陵附近擇吉地為武則天另建陵寢。而且，乾陵地宮已用鐵水封死，再強行打開，將會破壞乾陵。

　　但李顯為了表示自己的孝心，還是命工匠掘開了通向乾陵地宮的埏道（墓道），滿足了武則天「歸陵」願望。說來也怪，武則天這麼一「歸陵」，問題真出來了。雖然之後出現了玄宗李隆基在位時的「開元盛世」，但大唐的國運就此埋下了

禍害，社會矛盾加深，風波不斷。

　　大唐王朝自西元 618 年李淵受隋禪，至西元 907 年最後
一位皇帝昭宣帝李柷禪於梁王朱全忠，共傳二十帝，歷二百
八十九年，包括武則天稱帝改國號「周」的十六年時間。此
後，中國歷史上又進入了一個大分裂時期，即「五代十國」。

## 武則天破壞大唐國運是偽說

　　五代十國時期，中國帝王陵寢文化遭到了毀滅性的破
壞，中國盜墓史上危害最大的一個盜賊溫韜即出現在這個時
期。當時民間即有議論，李家陵寢的龍脈受傷，導致大唐國
運衰敗，矛頭首先指向武則天的乾陵。

　　上面提到，李治與武則天的乾陵位於李世民昭陵的西
邊，堪輿師認為昭陵乃大唐龍脈中的龍首，位序上乾陵弄
亂了風水；而讓一個當過皇帝的女人騎在了大唐的「龍頭」
上，也不吉利；加之武則天遺囑重新掘開乾陵地宮，再擾了
一次龍脈，大唐國運就此被打了折。

　　除了乾陵影響了大唐國運外，後期陵寢屢遭破壞，也讓
李家的風水寶地洩了王氣，加速了大唐的滅亡。《舊唐書》記
載，在德宗李適主政的興元元年，即西元 784 年，「朱泚反易
天常，盜竊名器，暴犯陵寢」。

　　朱泚是鳳翔隴右節度使，後反唐稱帝，定國號「秦」，年

號「應天」，其「暴犯陵寢」，據傳是有意破壞李家的龍脈和王氣。

再到後來，唐帝陵竟然成了時人盜掘致富的目標。《資治通鑑》上有這樣的記載，昭宗李曄乾寧二年（西元 895 年）發生「侵犯帝陵」事件；昭宗天復二年（西元 902 年），簡陵遭盜。簡陵是李曄父親懿宗李漼的陵寢，於西元 874 年二月葬入，僅僅二十八年，還是其孫子（李曄第七子）在位時就遭盜掘了。真是一派悲涼。最後，除了乾陵外，唐帝陵全讓破壞了，風水盡洩。

真是乾陵壞了大唐國運？李治與武則天的乾陵真有那麼神嗎？讓大唐國運受傷？如果說風水位序亂了，那李世民將他父親、開國皇帝李淵的獻陵選擇在涇水之東（昭陵下首）又怎麼解釋？不是風水被破壞加速了大唐的衰敗，而是大唐的衰敗導致了帝陵遭盜，這才風水不好，根本原因是封建帝王和社會制度本身的缺陷造成的。實際上，風水又算何物？乾陵壞了大唐國運不過是附會之說！

帝王死後都陪葬什麼寶貝

封建時代是「家天下」，「國彌大，家彌富，葬彌厚」。擁有全天下財富的皇帝們，死後的陪葬會更講究。具體都會陪葬些什麼，籠統一說都是寶貝，具體來說卻很難。但有一點是確定的，死者生前用的玩的占有的，都會被隨葬到地下，越值錢的東西越會讓死者帶走。

　　關於帝王陵的陪葬品一事，我曾在《盜墓史記》一書分專章進行了講述，這裏再簡要說一下。

## 明神宗隨葬金冠重一斤六兩

　　厚葬現象，在秦漢時期出現第一波瘋狂。據《晉書》記載，「漢天子即位一年而為陵，天下賦三分之一，一供山廟，一供賓客，一供山陵」。一個國家三分之一的財政收入，要作為帝王的陪葬品，其規制確實到了瘋狂的地步，在今人看來是斷不可想像的。

　　在封建社會陪葬越豐厚，表明墓主的地位越高。反之，社會底層的窮人連溫

明「十三陵」全景簡圖

飽都無法解決，薄薄的棺材都置辦不起。明朝開國皇帝、太祖朱元璋當年葬父，只能用蘆席包裹，草草而葬，連薄薄的棺材都置辦不起，哪來陪葬品？

朱元璋死時就不一樣了，生前就開始在南京東郊的鐘山（紫金山）南坡，營建自己的巨大陵寢——孝陵。

朱元璋的子孫皇帝更是不得了。

定陵是明朝第十三位皇帝神宗朱翊鈞（西元 1563 － 1620 年）與其兩位皇后的合葬陵。朱翊鈞十歲繼位，史載其糊塗昏庸，好酗酒，每餐必飲，每飲必醉，還經常醉酒後殺人。定陵始建於明萬曆十二年（西元 1584 年），十八年（西元 1590 年）竣工，歷時六年，耗銀多達八百萬兩。

定陵地宮在地下二十七公尺處，規模宏大，由五座石室組成。1956 年 － 1957 年，中國考古專家對位於北京大峪山東麓的皇陵進行考古發掘，出土的文物價值連城，其陪葬品之豐令人驚歎。一頂金絲編成的金冠，重即達一斤六兩，僅此一頂「帽子」，如果讓盜墓者盜得，也夠幾輩人的生活費了。

## 宋真宗陪葬品入葬前開「展覽」

北宋帝王陵在諸代皇陵中，並不顯赫，規模相對簡單。但其陵中隨葬物品也是價值連城。《宋史・禮志・山陵》記載，乾興元年（西元 1022 年）二月十九日，真宗趙恒病死，

三天後即準備好了陪葬品，「先帝服玩及珠襦玉匣」等寶物「不可留於人間」，均隨著一些專門置辦、很值錢的冥器，葬於永安陵中。在寶物入葬前，還如今天的博物館一樣，舉行了「陳列展」，供群臣參觀。

遺憾的是，這些寶物後來均被盜掘走了。

## 慈禧僅棺槨內陪葬值五千萬兩白銀

在所有皇家陵寢中，陪葬寶物被完全公開的，大概是清朝慈禧太后的「定東陵」。

當時一本名為《愛月軒筆記》的書在一定人群間久為流傳。此書的作者叫李成武，他可不是一般的作者，身分特殊，是慈禧貼身侍衛，二品花翎頂戴，是當時深受慈禧器重的大太監李蓮英的侄子。據說此筆記便是李成武根據李蓮英的口述撰就。其中有一章《慈禧藏寶圖記》，詳盡記下定東陵陪葬品資訊，僅棺槨內的陪葬品價值高達五千萬兩白銀。茲抄錄如下——

棺底鋪金絲所製鑲珠寶之錦褥一層，厚約七寸。褥上覆繡花絲褥一層，褥上又鋪珠一層，珠上又覆繡佛串珠之薄褥一，頭上置翠荷葉，腳上置一碧璽蓮花。放好，始將太后抬入，後之兩足登蓮花上，頭頂荷葉，身

著金絲串珠彩繡禮服，外罩繡花串珠掛，又用珠串九練圍后身而繞之，並以蚌佛十八尊置於后臂之上。以上所置之寶系私人孝敬不列公帳者。

眾人置後，方將陀羅經被蓋后身，后頭戴珠冠，其旁又置金佛、翠佛、玉佛等一百零八尊，后足左右各置西瓜一枚，甜瓜二枚，桃、李、杏等寶物，大小二百件。后身左旁置玉藕一支，上有荷葉蓮花等，身之右旁置珊瑚樹一枝，其空處則遍撒珠石等物。填滿後，上蓋網珠被一個。正欲上子蓋時，大公主來，復將珠網被揭開，於盒中取出玉制八駿馬一份，十八玉羅漢一份，置后之右手旁，方上子蓋，至此，殮禮已畢。其帳單及某君所估價值如次：

第一號：（宮中帳簿記物每種均列稱第一號）金絲錦被值價八萬四千兩，鑲八分珠一百粒、三分珠三百零四粒、六厘珠一千二百粒、米珠一萬零五百粒、紅藍寶石大塊者約重四錢十八塊，小塊者六十七塊、祖母綠五分者二塊，碧璽、白玉共二百零三塊（略估珠值八十五萬四千二百兩，寶石約值四萬二千兩）。

繡佛串珠褥制價二萬二千兩，用二分珠一千三百二十粒（約估值二萬二千二百兩）。

頭頂翡翠荷葉重二十二兩五錢四分（估值八十五萬兩）。

腳登碧璽蓮花，重三十六兩八錢（估值七十五萬兩）。

　　后身著串珠袍褂兩件，繡價八千兩，共用大珠四百二十粒，中珠一千粒，一分小珠四千五百粒，寶石大小共用一千一百三十五塊（估值一百二十萬兩）。

　　后戴朝珠三掛，兩掛珠，一掛紅石（約值二百四十五萬兩）。

　　后戴活計十八子珠鏡等，共用八百粒，寶石三十五塊（約值十九萬兩）。

　　陀羅經被鋪珠八百二十粒（估值十六萬兩）。

　　珠冠制價五萬五千兩，用大珠四兩者一粒（估價一千萬兩）。

　　身旁金佛每尊八兩重，共二十七尊，翡翠佛每尊重六兩共二十七尊，玉佛每尊重六兩共二十七尊，紅寶石佛每尊重三兩五錢共二十七尊（共約值六十二萬兩）。

　　足旁左右翡翠西瓜各一枚，青皮、紅瓤、白籽、黑絲（約值二百二十萬兩）。

　　翡翠甜瓜四枚，系二白皮黃籽瓤者、二青皮白籽黃瓤者（約值六十萬兩）。翡翠桃十個，桃青色，粉紅尖，黃寶石李一百個，紅寶石杏六十個，紅寶石棗四十個（共約值九萬五千兩）。

　　聞尚有二翡翠白菜，系綠葉白心，菜心上落一蟈蟈

滿綠，葉旁落二馬蜂，系黃色者。但公帳未列，或為王公等敬也。左旁玉藕三節，上有灰色泥汙狀，藕上長出綠荷葉、粉蓮花、黑荸薺等一枝（約值一百萬兩），右旁珊瑚樹一枝（約值五十三萬兩），該珊瑚樹系紅色，樹上繞櫻桃一條，青梗、綠葉、紅果，樹上落一翠鳥，亦為天然寶物也。身上填八分大珠五百粒，六分珠一千粒，三分珠二千二百粒，紅藍寶石二千二百塊（約值二百二十三萬兩），網珠被用珠六千粒，均為二分重者（估值二十二萬八千兩）。番佛四十八尊，約值五萬二千兩，番佛每尊高不及二寸，皆白玉質，佛為白身，白足著黃鞋，披紅衣，手持紅蓮花一枝，亦天然生成者。

上面所記是慈禧棺槨內的陪葬品，在地宮中還有不少寶物。清廷內務府關於《孝欽后入殮送衣版，賞遺念衣服》冊中有記載——

光緒五年三月二十五日（一八七九年四月十六日）在地宮安放了金花扁鐲一對，綠玉福壽三多一件，上拴紅碧瑤豆三件。

光緒十二年三月二日（一八八六年四月五日）在地宮中安放紅碧瑤鑲子母綠別子一件，紅黃碧瑤葫蘆一件，東珠一顆，正珠一顆，紅碧瑤長壽一件，正珠二顆。

光緒十六年二月二十九日（一八九〇年三月十九日）在地宮安放正珠手串一盤，紅碧瑤佛頭塔，綠玉雙喜背雲茄珠墜角，珊瑚寶蓋、玉珊瑚杵各一件，綠玉結小正珠四顆。黃碧瑤葡萄鼠一件，上拴紅碧瑤豆一件。紅碧瑤葫蘆蝠一件，上拴綠玉玩器一件，綠玉佛手別子一件，上拴紅碧瑤玩器一件。紅碧瑤雙喜一件，上拴綠玉一件。

　　光緒二十八年三月十日（一九〇二年四月十七日）在地宮安放白玉靈芝天然小如意一柄，白玉透雕夔龍天干地支轉心碧一件，紅碧瑤一件。

　　光緒三十四年十月十二日（一九〇八年十一月五日）在地宮安放金鑲萬壽執壺二件，共重一百九十七兩七錢一分，上鑲正珠四十顆，蓋上鑲正珠六十顆，米珠絡縷一千零六十八顆，真石墜角。金鑲珠石無疆執壺一件，共重九十一兩六錢，上鑲小紅寶石二十二件，底上鑲小東珠二十顆，蓋上鑲碎東珠二百零四顆，米珠絡縷五百三十四顆，真石墜角。金鑲珠石無疆執壺一件，共重九十三兩七錢，上鑲小寶石十六件，底上鑲小東珠二十顆，蓋上鑲小東珠二百零四顆，米珠絡縷五百三十四顆，真石墜角。全鑲真石玉杯金盤二份，每盤上鑲東珠二顆，共重六十六兩五錢五分。金鑲珠杯盤二份，每盤上鑲東珠八顆，杯耳上鑲東珠二顆，共重六十八兩三錢

二分。雕通如意一對。

光緒三十四年十月十五日（一九〇八年十一月八日）在地宮中安放金佛一尊，鑲嵌大小正珠、東珠六十一顆。小正珠數珠一盤，共二百零八顆。玉佛一尊。玉壽星一尊。正珠念珠一盤，計珠二百零八顆，珊瑚佛頭塔，綠玉福壽三多背雲，佛手雙墜角上拴綠玉蓮蓬一件，珊瑚古錢八件，正珠二十二顆。正珠念珠一盤，計珠二百零八顆，紅碧瑤佛頭塔、鍍金點翠，鑲大正珠，背雲茄珠，大墜角珊瑚紀念藍寶石，小墜角上穿青石杵一件，小正珠四顆，鍍金寶蓋，小金結六件。正珠念珠一盤，珊瑚佛頭塔，背雲燒紅石金，紀念三掛，藍寶石小墜角三件，加間小正珠三顆，珊瑚玩器三件，碧玉杵一件。雕珊瑚圓壽字念珠一盤，計珠一百零八顆。雕綠玉圓壽字佛頭塔，荷蓮背雲，紅碧瑤瓜瓞大墜角上拴白玉八寶一份，珊瑚豆十九個。珊瑚念珠一盤，碧玉佛頭、塔、背雲，紅色紀念三掛，紅寶石小墜角三件，催生石玩器三件……

1928年七月，國民革命軍第二十二軍軍長孫殿英以軍事演習為名，把定東陵炸開，盜走了上述全部寶物。據說，當年孫殿英就是按照李成武所記的「藏寶圖」，對定東陵進行了瘋狂盜掘。寶物的一小部分賞給參與盜陵的官兵。為了躲避

民國政府律例的嚴懲，減輕罪責，孫殿英又用這些寶物四處行賄。慈禧口中所含之珠，據說送給了蔣介石夫人宋美齡，而當時為了取出此珠，士兵將慈禧的嘴巴都撕壞了。

令人痛心的是，孫殿英盜出的寶物多散落民間和海外，不少至今下落不明。

## 有三座帝王陵陪葬品最豐厚

明定陵和清定東陵的陪葬品數量，令人咋舌。實際上，這兩處皇陵並不是帝王級陵寢中陪葬品最豐的。

朱翊鈞在位時不是大明王朝的鼎盛時期，大明王朝也不是中國封建社會的最強朝代。慈禧所處的年代，大清王朝已處於改朝換代的末期，多次遭受外國列強的欺凌和蹂躪。

皇家陵寢陪葬品的數量和細目，一直是高度機密的資訊。但一般有經驗的盜墓者可以根據朝代、在位時間的長短和墓主的生平喜歡，一猜一個準。

盛世王朝的太平之君，其陵寢陪葬自然豐厚，而一些小朝小廷就難說，如南宋諸帝王陵寢，寶物比其他王朝差遠了，甚至陵寢也只能叫「攢宮」，即暫厝之地，陵區用地也是從老百姓的手裏逐漸買來的，陪葬品根本無法與其他王朝的帝王陵寢相比的。

在眾多帝王陵墓中，哪幾座陪葬品最豐厚？

每一座帝王陵都是一座歷史寶庫，其所藏有的資訊是獨一無二的，陪葬品價值連城，歷史資訊更豐富。哪怕是當年一只極為普通的瓷碗，現在都是文物。一般來說，帝王陵越往前，其陪葬品越豐厚，價值越高。所以，到底哪幾座帝王陵最有價值，並不好一概定論。

從民間和史料記載來說，陪葬品最豐的有這麼三座帝王陵墓：秦陵、茂陵、乾陵。

前兩座是毛澤東詩詞《沁園春・雪》中所提到的「秦皇」、「漢武」的陵寢，乾陵則是中國歷史上唯一女皇武則天與其夫君唐高宗李治的合葬墓。

這三陵中寶藏到底有多少，至今仍是一個謎，對盜墓者來說極具誘惑力。


## 秦始皇睡的棺槨價值連城

中國封建帝王中的第一陵是秦始皇陵。秦陵位於陝西省臨潼縣城東驪山北麓，當年秦陵「墳高五十餘丈，」折算成現代的高度為一百一十五公尺左右，占地五十六・二平方公里。

《史記・秦始皇本紀》有詳細說明：

始皇初繼位，穿治酈山及並天下，天下徒送詣七十餘萬人，穿三泉水，下銅而致槨，宮觀百官奇器珍怪徙

藏滿之。令匠作機弩矢，有所穿近者，輒射之。以水銀
為百川江河大海，機相灌輸，上具天文，下具地理。以
人魚膏為燭，度不滅之者久。

從這段文字裏可以看出秦陵的宏大，據說到他死時也沒
有全部完工。

秦陵陪葬品的數量到底有多少？司馬遷稱，「奇器珍怪徙
藏滿之」。最新考古勘探資料顯示，秦陵地宮東西實際長二百
六十公尺，南北實際長一百六十公尺，總面積四萬一千六百
平方公尺，規模相當於五個現代標準足球場的大小。地宮就
這麼大，裏面的陪葬品以「藏滿之」來推測，數量該驚人了。

僅秦始皇睡的那具棺槨，就是無價之寶。據《漢書》等
史書記載，「冶銅錮其內，漆塗其外」、「披以珠玉，飾以翡
翠」、「棺槨之麗，不可勝原」，可見這副棺槨的文物價值。

目前僅在陵區地宮外發現的文物，已超過十萬件。陣容
宏大的兵馬坑則更是震驚世人，被稱為「世界第八奇跡」，由
此可見「第一陵」的歷史地位。

據現在已完成的對秦陵的考古探測，初步證明秦陵的地
宮仍然完好無損。探測中發現盜洞有兩個，直徑達一公尺，
但深度只有九公尺，離地宮很遠。目前，已出土文物和發現
的被盜物品，多為陪葬坑或甬道內的陪葬品，秦陵地宮中的
寶物確實無法估量，謎團多多。

## 漢武帝陵陪葬品多得放不下

秦亡漢興，中國封建社會出現了第一個「國富民強」的朝代——劉姓漢朝，厚葬之風也隨之出現了第一個高潮。

漢朝分為西漢、東漢兩個時期，目前常說的「漢」，多指西漢。西漢帝王陵在今陝西咸陽附近，共有十一座；東漢的帝王陵共有十二座，位於今河南洛陽及焦作附近。二十三座漢陵中，最出名的不是開國之君劉邦與其皇后呂雉的合葬墓長陵，而是漢諸帝中在位時間最長、最有作為的漢武帝劉徹的茂陵。

劉徹在位五十四年，陵修了五十三年（西元前 139 年開始營建），到其下葬時，當初栽的小樹都長成參天大樹。相比秦陵，茂陵的規模是小了些，但其陪葬品之豐厚，不相上下，甚至超過。

《漢書·貢禹傳》記載，「武帝棄天下，霍光專事，妄多藏金錢財物，鳥獸錢鱉牛馬虎豹生禽，凡為百九十物，盡瘞藏之」。從上面的文字中可以看出，劉徹陵墓中陪葬品的數量驚人。後有文字稱，「武帝歷年長久，比葬，陵中不復容物」。

這話就是說，由於劉徹在位時間長，到他死時，陵內已沒有空間放那些稀世珍寶了。目前已知道的陪葬品有當時康渠國國王進送的玉箱、玉杖；裝在一個金箱內的三十卷經書；專治啞巴的秘方，等等。

漢武帝茂陵的地上建築

　　劉徹下葬四年後，這些國外進貢的寶物，竟然出現在了市場上，被劉徹生前的侍人認了出來。此事見於南朝宋人劉叔敬撰《異苑》（卷7）：

　　　　漢武帝塚裏先有玉箱、瑤杖各一，是西胡康渠王所獻，帝平素常玩之，故入梓宮中。其後四年，有人於扶風市買得此二物，帝左右識而認之，說賣者形狀，乃帝也。

　　考古專家最看好的是劉徹穿的金縷玉衣。據西漢劉歆

撰（後題東晉葛洪）《西京雜記》記載，「漢武帝送死皆珠襦玉匣，匣形如鎧甲，連以金縷。梓宮內，武帝口含蟬玉，身著金縷玉匣。匣上皆鏤為蛟龍鸞鳳魚麟之像，世謂為蛟龍玉匣。」

據說，漢武帝身高體胖，其所穿玉衣形體很大，全長一‧八八公尺，約有大小玉片二千四百九十八片，串玉片的金線就有兩斤多。

茂陵曾多次被盜，據《後漢書》記載，當年農民起義軍赤眉軍攻占長安後，焚燒了皇宮，又「發掘諸陵，取其寶物」。茂陵中的陪葬品搬了幾十天，「陵中物仍不能減半」。

茂陵地宮中的寶物有多少，是否讓盜墓者搬光了，由於正史上並沒有記載，目前誰也說不清。

## 唐高宗乾陵寶物多達五百噸

唐陵共有二十座，除末二帝李曄的和陵、哀帝李柷的溫陵，分別在河南、山東，餘下的都在陝西，即著名的「關中十八陵」，乾陵為其中一座。

乾陵是中國乃至世界上獨一無二的一座兩朝帝王合葬墓，葬著女皇帝武則天和唐高宗李治。乾陵營建時，正值盛唐，國力充盈，所以陵園規模宏大，建築雄偉富麗，為唐帝王陵墓中最大。不只乾陵的規模宏偉，陵內的陪葬品之豐也

堪稱唐帝王陵之最。

李治陪葬品的價值十分豐厚，依漢制估計，占大唐一年稅賦的三分之一，武則天死後，又有同樣多的金銀珠寶被她帶進了乾陵。實際上，李治死時並不想大興土木，有遺詔，「陵園制度，務從節儉」，但武則天厚葬了李治，陵墓規格甚高，可能有她自己的動機。

與秦陵、茂陵一樣，乾陵中的陪葬品有卷帙浩繁的文史典籍、精妙絕倫的稀世器皿、令人歎為觀止的綾羅綢緞、三彩陶俑，等等，多得數不過來。

據陝西的考古專家分析，乾陵中的陪葬品有金、銀、銅、鐵等所制的各類禮儀器、日常生活用具和裝飾品、工藝品；陶、瓷、琉璃、玻璃等所制器物、人物和動物俑類；珊瑚、瑪瑙、骨、角、象牙等制成的各類器具和裝飾物；石質品：包括石線刻、石畫像、人物及動物石雕像、石棺槨、石函和容器；壁畫和朱墨題刻；紙張、典籍、字畫、絲綢和麻類織物，漆木器、皮革和草類編織物等，計有「六大類」。

據此，在 2006 年六月舉行的「紀念武則天入葬乾陵 1300 周年學術座談會」上，有專家對外放風，乾陵地宮中的寶物多達五百噸，引起了一場乾陵是否發掘的「全國討論」。實際上，在「五百噸」的說法之前，還有一個「八百噸」的說法。依據是，乾陵地宮空間約為五千立方公尺左右，即使以地宮空間的四分之一來計算，陪葬品體積也有一千兩百立方

公尺左右，最少有八百噸。

陵中最值得期待的是王羲之的《蘭亭序》。唐高宗臨終有話，希望將生前珍愛的書籍、字畫等全部陪葬。據分析，書聖王羲之的《蘭亭序》即埋在乾陵中，而不是在被盜過的太宗李世民的昭陵內。果真如此，也許是一件幸事。

乾陵的陪葬墓——章懷太子墓、懿德太子墓、永泰公主墓出土的《馬球圖》、《宮女圖》、《禮賓圖》等五組十八幅壁畫，均被定為國寶級文物，另有六十九組八十二幅壁畫被定為國家一級文物，從這裏也可以推測出乾陵中寶物的數量和品質。有人就此大膽斷言，乾陵發掘之日，將是繼秦陵兵馬俑之後的「世界第九奇跡」出現之時。

# 帝王秘事——
# 你不知道的歷史真相

| | | |
|---|---|---|
| 作　　　者 | 倪方六 | |
| 發　行　人 | 林敬彬 | |
| 主　　　編 | 楊安瑜 | |
| 編　　　輯 | 李彥蓉 | |
| 內 頁 編 排 | 帛格有限公司 | |
| 封 面 設 計 | 101廣告有限公司 | |

出　　　版　大旗出版　行政院新聞局北市業字第1688號
發　　　行　大都會文化事業有限公司
　　　　　　11051台北市信義區基隆路一段432號4樓之9
　　　　　　讀者服務專線：(02)27235216
　　　　　　讀者服務傳真：(02)27235220
　　　　　　電子郵件信箱：metro@ms21.hinet.net
　　　　　　網　　　址：www.metrobook.com.tw

郵 政 劃 撥　14050529 大都會文化事業有限公司
出 版 日 期　2010年10月初版一刷
定　　　價　250元
I S B N　978-986-6234-10-1
書　　　號　History-19

Chinese (complex) copyright © 2010 by Banner Publishing, a division of
Metropolitan Culture Enterprise Co., Ltd.
4F-9, Double Hero Bldg., 432, Keelung Rd., Sec. 1, Taipei 11051, Taiwan
Tel:+886-2-2723-5216　Fax:+886-2-2723-5220
E-mail:metro@ms21.hinet.net
Web-site:www.metrobook.com.tw

國家圖書館出版品預行編目資料

帝王秘事：你不知道的歷史真相／倪方六著.
　-- 初版. -- 臺北市：大旗出版：大都會文化,
　2010. 10
　　面；　公分. -- （History ; 19）

ISBN 978-986-6234-10-1（平裝）

1.帝王　2.傳記　3.中國

782.27
99016132

**大都會文化　讀者服務卡**

書名：**帝王秘事──你不知道的歷史真相**

謝謝您選擇了這本書！期待您的支持與建議，讓我們能有更多聯繫與互動的機會。

A. 您在何時購得本書：_____年_____月_____日

B. 您在何處購得本書：_____書店，位於_____(市、縣)

C. 您從哪裡得知本書的消息：
　1.□書店　2.□報章雜誌　3.□電台活動　4.□網路資訊
　5.□書籤宣傳品等　6.□親友介紹　7.□書評　8.□其他

D. 您購買本書的動機：（可複選）
　1.□對主題或內容感興趣　2.□工作需要　3.□生活需要
　4.□自我進修　5.□內容為流行熱門話題　6.□其他

E. 您最喜歡本書的：（可複選）
　1.□內容題材　2.□字體大小　3.□翻譯文筆　4.□封面　5.□編排方式　6.□其他

F. 您認為本書的封面：1.□非常出色　2.□普通　3.□毫不起眼　4.□其他

G. 您認為本書的編排：1.□非常出色　2.□普通　3.□毫不起眼　4.□其他

H. 您通常以哪些方式購書：(可複選)
　1.□逛書店　2.□書展　3.□劃撥郵購　4.□團體訂購　5.□網路購書　6.□其他

I. 您希望我們出版哪類書籍：（可複選）
　1.□旅遊　2.□流行文化　3.□生活休閒　4.□美容保養　5.□散文小品
　6.□科學新知　7.□藝術音樂　8.□致富理財　9.□工商企管　10.□科幻推理
　11.□史哲類　12.□勵志傳記　13.□電影小說　14.□語言學習（____語）
　15.□幽默諧趣　16.□其他

J. 您對本書(系)的建議：
_____

K. 您對本出版社的建議：
_____

---

## 讀者小檔案

姓名：_____　性別：□男 □女　生日：____年____月____日

年齡：□20歲以下 □21～30歲 □31～40歲 □41～50歲 □51歲以上

職業：1.□學生 2.□軍公教 3.□大眾傳播 4.□服務業 5.□金融業 6.□製造業
　　　7.□資訊業 8.□自由業 9.□家管 10.□退休 11.□其他

學歷：□國小或以下 □國中 □高中／高職 □大學／大專 □研究所以上

通訊地址：_____

電話：（H）_____　（O）_____　傳真：_____

行動電話：_____　E-Mail：_____

◎謝謝您購買本書，也歡迎您加入我們的會員，請上大都會文化網站 www.metrobook.com.tw
登錄您的資料。您將不定期收到最新圖書優惠資訊和電子報。

# 帝王秘事——
## 你不知道的歷史真相

北區郵政管理局
登記證北台字第9125號
免　貼　郵　票

# 大都會文化事業有限公司
# 讀　者　服　務　部　　　收
## 11051台北市基隆路一段432號4樓之9

寄回這張服務卡〔免貼郵票〕
您可以：
◎不定期收到最新出版訊息
◎參加各項回饋優惠活動

大旗出版
BANNER PUBLISHING

大 旗 出 版
BANNER PUBLISHING